沟通力提升实战训练

邓兮◎编著

国家一级出版社　中国纺织出版社　全国百佳图书出版单位

内 容 提 要

　　现代社会，受人欢迎的总是那些说话让人舒服、能够为他人着想和懂得把握分寸的人，这样的人口才好、情商高，说话从不得罪人，总能游刃有余地交际处世。

　　本书将情商和说话相结合，让读者从自我提升着手，在提高说话水平的同时亦能提升情商水平，让你能够说出激励人心、温暖贴心的话，让与你交流的人感到舒适安心，让你的人生被积极和美好所围绕。

图书在版编目（CIP）数据

　　沟通力提升实战训练 / 邓兮编著.—北京：中国纺织出版社，2018.11　（2019.3重印）
　　ISBN 978-7-5180-5411-4

　　Ⅰ.①沟…　Ⅱ.①邓…　Ⅲ.①语言艺术—通俗读物　Ⅳ.①H019-49

　　中国版本图书馆CIP数据核字（2018）第217457号

责任编辑：闫　星　　特约编辑：王佳新　　责任印制：储志伟

中国纺织出版社出版发行
地址：北京市朝阳区百子湾东里A407号楼　邮政编码：100124
销售电话：010-67004422　传真：010-87155801
http://www.c-textilep.com
E-mail：faxing@c-textilep.com
中国纺织出版社天猫旗舰店
官方微博http://weibo.com/2119887771
三河市延风印装有限公司印刷　各地新华书店经销
2018年11月第1版　2019年3月第2次印刷
开本：710×1000　1/16　印张：13
字数：166千字　定价：39.80元

前言

生活中，你或许有这样的体验：同期进入公司的同事短短两三个月就升职加薪，自己却原地踏步，偶尔还要被领导训斥一顿；一样是跟客户打交道，身边的人不用费什么劲儿就可以签单签到手软，自己口水都快说干了却被客户拒之门外；一样是谈恋爱，别人看起来相貌平平，却总能找到优秀的另一半，虽然自己各方面条件并不差，却总是找不到心仪的对象。

人生为什么总是有那么多困扰呢？实际上，人生的困扰，大部分都出在人际关系；而人际关系的困扰，大部分都是由于沟通出了问题。那些所谓的困扰，大多是源于自己不会说话，因为不会说话让别人感到不舒服，在不知不觉间得罪了别人也不知道，莫名其妙吃了亏，升职受挫、恋爱不顺、生活总是一团糟。相反，那些会说话的人，总可以巧妙的表达自己的想法，又让对方心情愉快，在交际圈子中受到欢迎，生活也自然会有好运气。

情商高的人具备优秀的沟通能力，说话让人舒服。高情商说话，总可以让事情达到自己的预期。生活中，有时候一件事情成功与否，往往只是一句话之差。情商高的人为人低调，在沟通过程中观点独到、想法有趣，让人感到很舒服，与他交流，会让人感到有成就感而不是沮丧感，会令人更自信而不是自卑。无论对方在说什么，他都可以听得非常

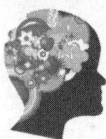

专注、饶有兴趣，并通过提问及回馈让说话者更好地发挥自己。与情商高的人交流，会让人觉得自己很优秀，这种感觉是非常舒服的。

情商高的人说话让人舒服，因为他们一直坚持好好说话。许多人并不清楚好好说话的重要性，误以为直爽就是心直口快，幽默就是刻薄尖酸，随意就是没有修养，耿直就是轻重不分。情商高的人懂得好好说话，他们总以平和温婉的语气，让人听后如沐春风，把尴尬化解于无形之中，时刻维护对方的自尊心，给予对方尊重，不提及对方的伤心处，不驳对方的面子，永远心怀善意。所以，相应地，他们也更能得到他人的喜欢和欣赏。

编著者

2018年2月

目 录

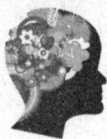

第 01 章

靠"颜值"更拼"言值"，
让你说话处处受欢迎

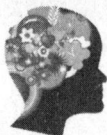

最合适的说话方式才最好

同样的一句话，让不同的人去说，往往会产生不同的结果。这是因为，每个人说话的心态和表达的方式都是不同的。要想让说话起到事半功倍的效果，我们首先应该学会最佳的说话方式。从本质上来说，人与人的交往其实全凭印象。如果我们能够以最恰当的表达方式给他人留下好印象，则很多难题都会迎刃而解。相反，如果我们总是不能恰到好处地表达自己，而且给别人带来困扰，那么别人一定会因此而抱怨我们，甚至对我们印象恶劣。可想而知，如此之后，我们必然无法与他人愉快地交往。

曾经，很多人都觉得只要埋头苦干，就能战胜困难，就能在职场上出人头地；只要待人真心诚意，就能与他人交好，赢得他人的真心。随着时代的发展，人们对于情商的要求越来越高，对于能否把事干得漂亮，能够在工作之余搞好人际关系，也都提出了更加严苛的要求。在这种情况下，我们必须学会说话，掌握最佳的说话方式，让说话成为帮助我们成功的辅助力量。很多事情都可以靠着说话解决，例如诸葛亮舌战群儒，谈笑间强弩灰飞烟灭，岂不是语言在发挥强大的作用吗？！一句

话，由不同的人说出来往往产生不同的效果。即使由同一个人说出来，也会因为方式的不同，而导致效果大相径庭。当然，至于哪种说话方式最好，实际上是没有明确规定的。我们应该根据交谈对象的不同、当时情境的不同以及表达目的的不同等，选择最适合的说话方式。只有适合各方面情况的说话方式，才是最佳的选择。

很久以前，村里有两个中年男性都是基督徒，而且都很喜欢抽烟。每次做礼拜的漫长时间里，他们都备受折磨，因为一旦烟瘾犯了，他们就觉得心里似乎有蚂蚁在啃噬，而又不能随意起身离开，走出教堂去抽烟。为此，一个人去问神父："神父，做礼拜的时间太长了，我常常犯烟瘾，我可以离开去抽烟吗？"神父看着他说："神的孩子，做礼拜时一定要专心致志，神才能听到你的祈祷。"另一个人也去问神父："神父，我一心想要与神靠拢，聆听神的教诲。我每时每刻都想得到神的福祉，但是我又总是想抽烟，我烟瘾很大。我想问问您，我抽烟的时候能做礼拜吗？"神父不假思索地说："神的孩子，你很虔诚，神不会责怪你的。只要你诚心诚意，你随时都可以做礼拜。神会保佑你的。"

同样一个问题，因为说话方式不同，两个烟民得到了神父截然不同的回答。一个被神父责备做礼拜的时候要专心，一个则被神父称赞对神虔诚。这就是不同的说话方式产生了不同的效果。即使是相同的事情，我们也完全可以采取不同的方式表达，而不同的方式往往决定了其效果也是不同的。在说话之前，我们应该认真拷问自己的心：我想要得到怎样的结果？根据我们想要的结果，再综合听话者不同的脾气秉性，我们最终找到最佳的表达方式。通常情况下，最佳的表达方式有一些共同的特征。首先要尊重他人，即使对方固执己见，我们的劝说也应该灵活，

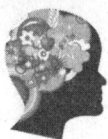

千万不可一味地批评和指责对方，否则就会事与愿违。其次，说服他人的方式有很多种，我们可以以借力的方式劝说他人，例如权威效应、从众心理等。最后，如果你看过《孙子兵法》，你就知道作战布兵是有很多方式的，因而，你也可以采取很多策略，例如欲擒故纵等。只要运用得当，这些方式都会起到很好的效果，甚至能够带给你惊喜。

有个老人因为心脏病复发，不得不辞掉工作，在家静养。为了让身体尽快恢复健康，他特地去山清水秀的郊外买了一套公寓，想让新鲜的空气尽快帮助他康复。然而，刚刚住了没几天，老人就不堪其扰。原来，这个小区里有一群年纪相仿的孩子，每天都会在楼下嬉笑打闹，吵得老人根本无法好好休息。为此，老人思来想去："如果我直接喝令孩子们离开，孩子们一定会变本加厉。我应该找一个巧妙的方法，让他们心甘情愿地离开。"

一天中午，老人带着很多酒心巧克力来到楼下，分给孩子们，并且说："孩子们，我是一个独居的老人，每天都寂寞难耐。幸好有你们给我送来欢声笑语，让我不感到寂寞。"孩子们得到巧克力之后欣喜若狂，因而更加卖力地玩耍，放肆地笑闹。接连一个星期，老人每到中午都会拿很多糖果来到楼下给孩子们分食，这似乎已经成为一种习惯。然而，到了一个星期之后，老人突然对孩子们说："孩子们，我最近经济危机，没有钱给你们买糖果了。你们还愿意陪伴我吗？"孩子们突然间面色阴暗，等到老人离开后，几个孩子在一起合计道："哼，居然连那点儿报酬都没有了，我们为什么大热天的要在这里卖力玩耍，只为了陪伴一个吝啬的人呢？"说完，孩子们全都结伴而行，离开老人的楼下，去到别的地方玩了。

老人简直太聪明了。他知道如果直接请求孩子们去其他地方玩耍，一定会导致孩子们变本加厉。因而，他改变方式，先是奖励孩子们，继而又终止给孩子们奖励，导致孩子们愤而离开。由此可见，只有找到最恰当的表达方式，我们才能如愿以偿，达到自己的目的。

让语言如涓涓细流沁入人心

言辞犀利的程度，有的时候堪比刀剑，甚至在一瞬间就能刺穿人们的心，使其汩汩流血。这就是语言的力量，绝对不容小视，也必须更加谨慎合理地运用，才能发挥恰当的作用。生活中偏偏就有这样的人，说起话来总是恨恨的，似乎与每个人都有深仇大恨。他们从来不会温柔地说话，总是找最犀利尖锐的话说。对于这样的人，好人缘当然是不可能的，不招人恨就算不错了。

自古以来，人们都觉得温文尔雅、和颜悦色是一种待人接物的美德。其实，礼节的周全只能使人感到不受冷落，如果能够在与他人交往时，尤其是在与他人交谈时，做到谈吐优雅、淡定从容、温暖人心，则更容易得到他人的认可和肯定，也会真正地打动他人的心，使我们建立良好的社交关系。

语言表达一定要温婉，这样才能像淙淙流水，缓缓地沁入人心。有些人觉得说话时必须声色俱厉，才能起到警示和震慑的效果。其实不

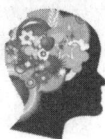

然。如果你是一个细心的人，你就会发现，对于一个高声说话的人而言，只有当他突然降低声调时，才会引起他人的侧耳倾听。这也从侧面说明了，言辞的犀利未必能够直指人心，很多情况下，温柔才有一种巨大的力量。

1940年，英国国库亏空，根本无法继续支付昂贵的价钱从美国购买军用物资。为此，很多美国人都主张不再继续支援英国，对此，高瞻远瞩的罗斯福总统有着不同的见解。为了说服那些目光短浅的人，罗斯福特意召开记者招待会，想要借《租借法》说服他们。罗斯福总统深知唇亡齿寒的道理，但是显然很多美国民众并不懂得其中的利害关系。难道直截了当地指责他们鼠目寸光吗？罗斯福想不出如果真的这么做，除了触犯众怒之外还有什么好处。为此，他深入浅出，决定以一个形象的类比，帮助民众了解其中的利害关系。

罗斯福心平气和地娓娓道来："假如与我家相隔仅仅四五百英尺的邻居家突然发生火灾，我的花园里恰巧有浇花的水龙带，只要我慷慨帮助，就能帮助邻居扑灭大火。那么我应该怎么做呢？我不可能眼看着火势蔓延，却要和邻居计较我花费二十美元成本买来的水龙带。要是我的邻居此时恰巧没钱付给我，那么天知道大火会不会烧到我的家里。正确的做法，我想应该是先把水龙带给他灭火。如果顺利扑灭大火，水龙带也没坏，我相信邻居一定会千恩万谢地把水龙带还给我。如果水龙带坏了，他会照价赔偿，那么我还可以买一条新的水龙带，也没有什么损失。总而言之，这些结果都比大火烧到我的家里，把我的家也毁坏得面目全非来得更好。"

罗斯福之所以能够成功地说服民众，继续支持和援助英国，正是

因为他的表达方式非常柔和，且蕴含的道理显而易见。生活中，很多人都因为语言表达上的欠缺，导致无法实现自己的目的。假如我们也能采取适合的表达方法，让我们的话如同涓涓细流，让人感受到丝丝清凉，相信说服的效果会好得多。记住，语言的逞强并没有实质性的意义，因而任何时候都不要让自己成为言辞犀利、内心软弱且常常把事情搞砸的人。我们必须时刻牢记自己的初衷，才能更好地表情达意，发挥语言的巨大力量。

点到为止，避免尴尬

很多学过敲鼓的人都知道，每一下都敲到点子上，才算一名合格的鼓手。其实，说话也如同敲鼓，必须找准点子，才能事半功倍。否则，即使说得再多，也没有效果，只是白费力气而已。鼓手还知道，响鼓不用重锤。只要轻轻地敲打鼓皮，就能发出美妙的鼓声。如果敲打得太重，也许就会损伤鼓皮，把一口鼓彻底毁坏了。由此可见，要想成为优秀的鼓手，敲鼓的力度也必须把握好。正如敲鼓一样，说话也是要讲究力度的。一旦伤害了对方的自尊和颜面，导致对方破罐子破摔，那么再说什么也都是无用的。总而言之，在语言交流的过程中，我们对于聪明人大可以点到为止，这样就不会因为说得过于直白和繁复，导致关系恶化，彼此都陷入尴尬。

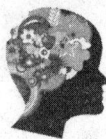

现代社会，随着生活节奏的加快，工作的压力越来越大，很多人都牢骚满腹，遇到一点事情就不停地抱怨。其实，抱怨是没有任何意义的，因为这并不会对生活起到什么实质性的作用，反而会影响人们的心情，使很多事情都朝着更糟糕的方向发展。如果我们能够把喋喋不休的抱怨换作另一种方式说出来，诸如请求、赞美等，就能够起到预想不到的效果。

最近这段时间，乔丽发现老公对她越来越无视了。前段时间，老公很晚下班之后，还会抽出时间和她简单沟通几句，但是现在，老公虽然每天下班都很早，却在吃饱喝足之后，不是看电视，就是上网与朋友聊天，要不就是和几个朋友相约打网络游戏。总而言之，没有任何时间是给乔丽的。

还有几天就是乔丽妈妈六十岁的生日了，家人一致同意要给妈妈好好做寿。然而，乔丽一直等了好几天，都没找到机会和老公就这个问题详谈。今天是周六，老公早早起床去和朋友打篮球，直到中午才气喘吁吁、浑身大汗地回来。狼吞虎咽地吃了乔丽精心准备的饭菜之后，他冲了个澡就一觉睡到傍晚。起床之后，他一边吃水果，一边打开电视。这时，乔丽问他："你一会儿准备干什么？"老公毫不迟疑地说："看电视。"乔丽又问："看完电视呢？"老公回答："今晚和几个同事约了一起去酒吧喝酒，不过我会早点儿回来的。"乔丽继续问："如果你十二点钟能回来，还准备做什么？"老公想了想，说："睡觉啊，半夜三更地还能干什么？"乔丽平静地问："如果我等你到十二点，你回来之后能给我半个小时的时间吗？我想和你商量一下给妈妈过大寿的事情，再有五天就到了。"老公这才恍然大悟，愧疚地说："哎呀宝贝，

对不起，这段时间我太贪玩，忽视你了。我马上推掉晚上的酒吧之约，咱们好好商量下怎么给妈妈过大寿吧！"看到老公悔改的态度良好，乔丽高兴地笑了。

在这个事例中，如果乔丽换一种态度，从一开始就抱怨和指责丈夫，那么也许事情的结果会完全不同。没有任何男人愿意挨媳妇数落，男人都是非常爱面子也是非常看重自尊的。在这种情况下，乔丽的处理方法给了老公很大的面子，也使老公感到自己受到了尊重，因而他才能马上反省自己，及时改正。

点到为止，在人与人的交往中是一种艺术。如果我们能够掌握这种交往和交流的艺术，在与他人相处的过程中，就会少一些矛盾和争吵，多一些宽容与和谐。会说话的人不管多么着急，都不忘给他人留面子，而且他们总是见好就收，尽量给他人留有更多的余地。这样的人际关系自然是非常和谐融洽的，这样的人也是容易得到人们的欢迎的。否则，一旦斩钉截铁地把对方逼入死角，使其没有任何回旋的余地，就容易导致他们针锋相对，再想挽回就很困难了。

礼多人不怪

很多人巧舌如簧，说起话来有条不紊、逻辑清晰，但就是不能与他人友好相处，几句话说完，不是引起他人反感，就是使他人陷入尴尬，

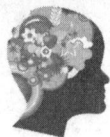

这到底是为什么呢？其实，善于言谈、滔滔不绝，未必就是会说话。对于语言的僵硬运用，远远不及把话说到他人心里去所起到的交流效果。如果能够在与他人交谈时多多使用礼貌用语，那么不但能够表现出我们良好的素质修养，也能帮助我们以尊重换取他人的尊重。的确，在人际交往中，尊重是相互的，我们唯有尊重他人，才能得到他人的同等对待。

有些人说起话来以自己为中心，完全不顾及他人的感受，只顾着自己一吐为快，殊不知，对方早已感到厌倦，恨不得马上摆脱你的唠叨。还有些人非常强势，哪怕是在日常与他人闲聊的时候，也总是希望自己说出来的话能够高人一等，压在别人的话头上，不得不说，这样的人一定让人避之唯恐不及。其实，口头上的逞强没什么意义，唯有言语宽和，我们才能与他人更好地相处。还有些人与他人交谈时缺乏基本的礼貌，也许是因为父母在他小时候没有教给他礼貌用语，他根本不知道礼貌为何物，和任何人说话都以"哎"字开头。不得不说，这样的没礼貌实在让人无法接受，因为只要教养者注意到这个问题，大多数孩子都能做到讲礼貌。

尊重别人就是尊重自己。不管我们在社会上的地位多么高，名声多么显赫，我们都没有权利藐视任何一个人。哪怕对于黄口小儿，我们也要尊重他们，他们才会尊重我们。这是因为每个人也许在职场上有职位高低，在社会上有地位高低，在生活中有辈分高低，但是人与人之间绝没有人格高低。每个人的人格都是平等的，我们只有尊重他人，才能赢得他人的尊重。

在辽阔无边的大森林里，有个送信的士兵走了整整一天，眼看天色

将晚，他却没有找到客栈投宿。士兵很着急，因为一旦天全黑下来，就会有野兽出没，他不知道自己将会面临怎样的危险。正在士兵心急如焚时，他看到一个猎人在前面不远处走着。因而他着急地喊道："喂，那个人，还有多远才能走出森林？"猎人头也不回，喊道："五里！"士兵一听到还有五里就能奔出森林，因而赶紧快马加鞭，火速朝森林外疾驰而去，路过猎人身边的时候都没有减速。

士兵策马扬鞭，大概奔跑了十几里路，却发现森林依然无边无际，不由得纳闷："明明只有五里路了，为何我都走了十几里路了，还是没有走出森林呢？"他沉思着，突然脑中灵光一闪："猎人不是告诉我'五里'，而是说我'无礼'？！"于是他赶紧调转方向，开始往回走。果然，走了将近十里路，他终于看到在路上行走的猎人。这次，他远远地就下马，牵着马朝着猎人走去，然后毕恭毕敬地说："这位大哥，请问要想走出森林，还有多远呢？"这次，猎人抬头看着士兵，说："还有很远呢，天晚了，我在前面有个打猎的小屋，不如你也去歇一晚上再走吧，不然天黑了猛兽出没，非常危险。"就这样，猎人不但把士兵带回自己打猎的小屋休息，还用自己打来的野味给士兵做了丰盛的一餐饭呢！

对于士兵的无礼，猎人毫不理睬。直到士兵意识到自己的错误，折返回来毕恭毕敬地再次问路，猎人才好心地留宿士兵，还用自己打到的野味招待士兵。这就是无礼和有礼的区别。任何时候，我们都要做有礼之人，而不要因为无礼降低自己的身份，更要避免因为无礼被他人拒绝和冷待。

所谓礼貌用语，无外乎日常生活中的基本用语，诸如"请""对不

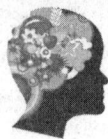

起""谢谢""非常抱歉"等。这些语言虽然看起来很简短，但是效力却丝毫不打折扣。一个人如果经常把礼貌用语挂在嘴边，一定能够得到他人的礼貌相待和尊重。此外，礼貌用语的意思引申之后，也包括说话时要与人为善，不要咄咄逼人等。总而言之，要想得到他人的礼待，我们首先就必须礼貌待人。

禁止触碰他人的软肋

这个世界上，每个人的人生经历和成长过程都有着和别人的不同之处。他们都有自己值得炫耀的经历和成就，自然也有着不足为外人道的隐私和伤痛，因此每个人都有敏感的话题和语言的软肋。当你在和别人进行谈话的时候，一定要注意对方的身份，尽最大限度了解他的性格和经历，掌握好谈话的分寸，以免在无意中侵入对方心灵的禁区，在伤害别人的时候也给自己带来不必要的麻烦。

俗话说"男不问薪水，女不问年龄"，其实不该问的何止是这些话题，包括对方的工作状况、家庭纠纷、事业进展以及人生计划等，这些私人的事情我们最好都不要去打听，更没有必要为了满足个人的好奇心而给别人带来不快。我们应该知道，说话的时候要注意尊重对方的隐私，只有尊重对方的隐私，才能让人感觉到人格上受到了尊重。

当你想和对方开展一些话题的时候，最好不要脱口而出，而是要

仔细地思考一下是否会涉及对方的隐私，如果这些话题会给对方带来不快，就尽可能地去避免它。只有这样才能让对方很快地接受你，对你产生良好的印象，和你建立深厚的友谊。

一般来说，一个人的语言软肋包括以下几点：

1.生理的缺陷

任何一个男人都希望有一个魁梧的身躯和充满阳光的面孔，任何一个女人也都渴望拥有沉鱼落雁和倾国倾城的容颜。但是，上天往往不遂人愿，大部分人都会有着这样那样的缺陷和不足，尽管这些属于客观的存在，但是爱美的心会让他们去刻意地回避这些话题。比如，发福的人忌讳别人说"肥"的评价，秃顶的人忌讳"光芒四射"的语言，身高不足的人忌讳"武大郎"的称呼，相貌平平的人忌讳"丑八怪"的评价，跛足者忌讳"地不平"的戏谑，驼背者忌讳"忍辱负重"的玩笑话等。这些生理的缺陷往往就会成为一个人自卑的源泉，自卑的心态也就造成了他们把这些生理缺陷当成了语言的软肋。因此，当我们谈话的时候，应该注意别人的生理缺陷，不能用一些自以为无伤大雅的话来刺激对方，给他们带来心理上的伤害，使之对你产生厌烦和仇恨的心理。这不仅仅是口才技巧的问题，更是做人的道德要求。

2.不堪回首的往事

每个人的生命历程都会存在一些大大小小的挫折，在挫折之中有些人会做出一些违背心性的选择，这是很正常的现象。但是，经历过这些挫折的人，往往会因为当时的选择而背上了永远的思想包袱。他们对这一段的经历总是讳莫如深，自然不愿意拿出来和人分享，更不愿意有人旧事重提。因此，当我们了解了一个人的过去之后，更应该进行选择性

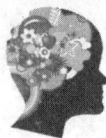

的谈话，回避对方的恋爱受挫、事业低谷等经历，免得给对方带来不快。

3.追悔莫及的错误

"人非圣贤，孰能无过"是一个很浅显的道理，我们生活中的每个人会有着各自不完全相同的是非评价标准，有时候会为了在别人看来十分微小的错误而不肯原谅自己，长时间郁郁寡欢。以至于一想到自己曾经犯过的错误和无法挽回的损失就感到忏悔和自责，也就更不愿意让别人来提及这些追悔莫及的经历。当有人无意或有意地谈论到这些话题的时候，当事人就会面红耳赤，无地自容。

以别人的痛楚和忌讳为乐事的人，是缺乏修养和道德的，因此，我们应该尽量避免这类错误的发生，以免带来恶劣的影响。那么，我们怎样做才能不给别人带来伤害呢？我们不妨从以下几个方面着手，来取得良好的效果。

1.出言谨慎

把对方的忌讳视为语言禁区，以免触到对方的伤痛，比如在官场失意者的面前慎言飞黄腾达，在感情受挫者的面前少提夫唱妇随等，以免给对方的心理带来不快和压力。

2.用词委婉

很多的忌讳是谈话者双方无法避免的，但是即使是在这种情况下也不要直来直往，而是要采用比较委婉的方法，尽量使对方免于难堪。比如，面对一个考研屡受挫折的人，你不能直冲冲地问："考不上了怎么办？"不妨说："假如你不想上研究生的话会怎样选择呢？"这样就会使对方得到应有的尊重，接下来话题才能顺利进行。

3.岔开话题

一个人即使说话再谨慎也难免有时候会冒犯到别人的忌讳之处。当因为个人的失言而给别人带来不愉快的时候，不能着急地去解释，那样的话只会越描越黑，倒不如机智巧妙地岔开话题，让双方都能从尴尬的气氛中解脱出来。比如王某和赵某两个朋友聊天，谈及赵某的哥哥为什么年过而立还孑然一身的时候，赵某随口来了一句："他曾经谈过几个对象，但是因为女方嫌他个子太矮而告吹了。"刚说完，却记起了王某也是矮个子的人，赵某便急中生智地说："其实，有资料表明，矮个比高个更精明，寿命也更长。就说我哥哥吧，他最近翻译出版了一部英国长篇小说，你是英语教师，正要请你指正呢!"赵某巧妙地把话题转开，在不动声色之间做到了亡羊补牢。

第 02 章

品行谦逊，言辞中肯，给
他人留下深刻印象

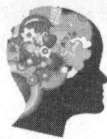

谦逊更易受赏识

古人云：木秀于林，风必摧之。民间还有句俗话叫，枪打出头鸟。这些古训或者俗语都在告诉我们，一定要低调谦逊地做人，才能避免节外生枝。那么现代社会竞争如此激烈，还有必要保持低调和谦逊的作风吗？当然，针对于现代社会越来越激烈的竞争情况，一味地低调谦逊并不可取。比如说去找工作吧，如果面试官让你进行自我评价，你毫不迟疑地回答自己能力有限，根本不足以胜任本职岗位，那么还有谁敢聘用你呢？需要注意的是，所谓低调谦逊，并非自我贬低。作为现代人，我们不应该再一味地低调或者贬低自己，正确的做法是要客观公正地评价自己，因为只有这样，我们才能得到他人的认可和赏识。

凡事过犹不及，任何事情一旦过度，就会起到相反的效果。前文说了过度低调的恶果，那么我们难道应该大言不惭吗？答案当然是否定的。过度地自我吹嘘和过度地自我贬低一样，都会导致我们在他人心目中留下不好的印象。我们既不能妄自菲薄，也不能妄自尊大，只有做到不卑不亢，客观公正，才能为自己赢得一席之地。

众所周知，如今的大学生再也不是稀缺的产物，而且大有泛滥的趋

势。因而拿着本科毕业文凭就轻而易举找到工作的时代一去不复返了，即便是研究生学历，要想找到合适的工作，也需要费一番周折。每个经历过找工作的职场人士都对面试心有余悸，尤其是在遇到严苛的面试官时，往往一句话说不好，就会与工作的机会失之交臂。那么，到底如何进行自我介绍，才能给面试官留下良好的印象呢？

作为应届大学毕业生，教育专业硕士学历的思思以为自己在找工作的过程中会占据优势，因而每次参加面试她都是一副志得意满的样子，甚至大有不把负责面试的老教师放在眼里的意思。看着那些酷似老学究的面试老师，她暗暗想道："哼，以你们的年纪，大概连本科毕业文凭也没有吧，只不过资历老些而已，其实知识和观念早就落伍了！"心有所思，脸上大概也会有不屑的表情露出来，因而思思在几次面试中虽然学历等都达标，但是最后都落选了。不过，自负的思思并没有意识到问题出在哪里。直到有一次面试，她在进行自我介绍时，就被面试官狠狠地批评了一通。

这是一所中学，负责面试的是一位即将退休的老教师。看到思思，老教师说："请你首先进行自我介绍吧！"思思早就准备好了，成竹在胸，说起话来如同行云流水："老师，您好，我是师范大学的硕士研究生。我的专业是教育学，我想经过这几年的学习，我已经对于孩子的教育心理有了深刻的认知和了解。在教育孩子的过程中，我会结合心理学知识，更好地向他们灌输知识和思想。我认为，我是完全有能力胜任中学老师的，面对青春期的孩子，我也能够打开他们的心扉，走进他们的内心，使他们乐于接受我的教育……"思思的话还没有说完，面试老师就毫不客气地打断她的话："如果你心里真的觉得教育是一件如

此简单的事情，也认为孩子们会在你的指挥下整齐划一，那么你并不适合这份工作……从认识上，你就落后了很多，态度也不够端正。你很自负，但是自负并不能帮助你成为一名好老师，甚至硕士学历对于你成为一名合格的老师也没有任何帮助，所以它在我这里并不能为你加分！"

面试老师就这样否定了思思，而且把思思说得无地自容，从此以后，思思面试时再也不这样志得意满地介绍自己了。经过一段时间的改进和沉淀，她意识到必须怀着谦逊地态度面对工作，因为工作是人生又一个学习阶段的开始。最终，她如愿以偿地找到了在高中任教的工作，人也变得低调谦和了。

如果在做一件事情之前，就觉得自己一定能够把某件事情做好，甚至不把这件事情放在眼里，那么结果一定是非常尴尬和让人失望的。每个人都觉得自己是最优秀的，但是千万不要把这件事情告诉别人。你的优秀，应该等到别人通过观察去发现。就像老王卖瓜一样自卖自夸，是无法成功地把自己推销出去的。

现代职场上，竞争越来越激烈。作为一名求职者，假如锋芒毕露，很容易给面试官留下不良的印象。事情总是要实实在在地做出来，而不是凭着红口白牙说一说，别人就会相信你的。因此，我们不如少说多做。在面试时，适当的介绍就已经足够，因为即使你说得再多也没有说服力，还不如后来居上做出实际的成绩来得更好。

要事先找好沟通切入点

俗话说，万事开头难。然而，无论开头多么艰难困苦，我们都要去努力达成。因为，只有开了头，事情才有可能进一步发展。一件事想要顺利地进行下去，通常需要一个好的开端作为基础。一次好的沟通，一场好的交流，往往是从一段好的开场白开始的。一段好的开场白能给人以一种亲切、友好之感，会消除彼此间的陌生感与隔阂，迅速拉近交流双方的距离。

赛珍珠是一名有着浓厚中国情结的美国著名女作家，她获得普利策小说奖和诺贝尔文学奖的作品《大地》，就是她在中国居住时创作的一部描写中国农民生活的小说。第二次世界大战期间，赛珍珠以广播的形式对中国人民发表了一次演讲。这次演讲，震撼了中国人的心。

演讲开头，她就这么说道："我今天说的话，并不是完全以一个美国人的身份讲的，因为我也是一个中国人。我一生的大部分时间，都在中国度过。在我刚3个月大时，父母就带着我来到了中国。我学会的第一句话，是中国话；我交往的第一个朋友，是中国人。我从小就跟着双亲四处辗转，虽然并没有在那些通商大埠居住过。十几年的时间里，我先后在浙江、江苏、江西、湖南、安徽以及山东各省的小城市或小村庄住过，其中，清浦、镇江、丹阳、岳州、蚌埠、徐州、南州等地方，都是我十分熟悉的。我心中最爱的，是中国的农田乡村。长大后，我在南京居住了17年之久。在这段漫长而又短暂的时光里，我亲眼见证着南京

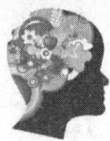

从一个古老的旧都变为一个崭新的城市。我敢自豪地说，无论我身处何地，我都与中国人亲如同胞。这一切都是因为，我小时候的游伴是中国孩子，我长大后的朋友是中国人。如今，虽然我人在美国，但是我没有忘记旧日的友人……"

在这段演讲中，赛珍珠反复提到中国大地上的一个个地名，强调自己和中国人的亲密关系。听到这番演讲的中国人，脑中会不由自主地浮现出这些地方的风土人情，以及自己和赛珍珠类似的种种经历。原本，在大多数中国听众心中，赛珍珠是一个陌生的外国人，而这段开场白让赛珍珠与中国听众之间有了密切的联系。中国听众对于赛珍珠立即生出一种亲切感，从而更愿意用心倾听她接下来的演讲。

一段开场白，可能让交流双方觉得一见如故、惺惺相惜，也可能让交流双方兴味索然、无话可讲。结果的不同关键在于对于开场白的把握。若能够灵活运用各种适宜的开场白打开局面，就等于在交际中掌握了主动权，占据了有利态势。想要多交益友、扩展人脉，要先从开场白学起。

人际交往中，有哪些形式的开场白可供参考呢？

1.以问候语开场

以问候语开场，是最简单也是最常见的开场方式，通常是以"您好"或各种时段、各种节日的问候等加上对方的称谓来展开话题。以问候语为开场白，给人一种自然之感，会让对方远离压力。这种简短的开场白，透露着两种信息：一是你在向对方致以问候，表示友好；二是可以使对方在更大程度上拥有决定权，他可以决定彼此的问候结束以后是否继续同你交谈下去，这就不会让对方产生一种被动感。因此，有继续

交流欲望的人，通常会以问候语开场后，再选择其他一种或几种开场来展开话题。

2.以"拉关系"开场

很多时候，人们往往更愿意与那些和自己有一定相同或相似之处的人来往。例如，相同的祖籍、家乡，相同的姓氏、家族，相同的兴趣、爱好，相近的性情、品质……因此，在与初识之人交流时，不妨先试着"攀一攀关系"。如"这么巧，您也姓章，咱们500年前是一家啊！""听说您也爱骑马，真是巧了，我是来自内蒙古的女孩，从小在马背上长大的。"

3.以"表白"开场

俗话说："千穿万穿，马屁不穿。"这并不是提倡大家学会溜须拍马、曲意逢迎，而是告诉我们要善于发现别人的长处，去赞美别人。对于不熟悉的人，尤其是初次见面的人，主动表达对他们的仰慕之情，是一种很好的开场方式。当然，这种"表白"需要有理有据、有礼有节，不可胡乱吹捧、夸大其词，如"久闻大名、如雷贯耳""今日得见、三生有幸"等话，应尽量少说。否则，会给人一种虚伪、刻意之感。

4.以"另类赞扬"开场

对于一些早已功成名就的人来说，他们的身边一直充斥着各种逢迎拍马或真心敬佩的人，因此，一般的赞美很难再入他们的耳，引起他们情感上的共鸣。对此，你可以尝试另辟蹊径，从旁人没有注意到或者不常称赞的方面入手。例如，面对一个白手起家的纺织业大亨，你再去夸奖他的专业知识多么丰富、工厂规模多么宏伟、企业经营多么卓尔不群，他可能只是微微一笑，并不十分在意。但如果你夸他办公室里那幅

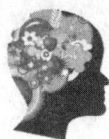

书法写得遒劲有力，那个钓鱼大赛的奖杯多么难得，他恐怕会兴致盎然地跟你聊上半天。

文质彬彬，然后君子

中国历来是礼仪之邦，关于"礼"，从古至今的无数大家给了它许多种定义。《释名》中曰："礼，体也，言得事之体也。"这句话的意思是，礼，就是说话、做事的规范。时代在变，关于礼的要求和范围也不断在改变，而一直没有改变的是礼仪所表达出的内涵。在每一个时代，礼仪，都是一个人内在修养的体现；礼貌，都是社会对于高素质人群的基本要求。

小鑫大学毕业后，通过层层竞争，最终进入了梦寐以求的大企业。然而，人职还没几个月，她就把部门的同事得罪得差不多了。她对此虽然十分苦恼，但并不认为问题出在自己身上："我性格就是这样大大咧咧的，这叫不拘小格，懂吗？都像我们部门那些人那么爱计较，那些魏晋名士在出名前就被杀光了吧！"

然而，她的部门同事们却如是说：

"我一个保洁员，从来也不指望人家对我多重视，可是那小鑫算个什么人？咱们公司是大企业，进来的都是高素质的人才。经理整天对我笑呵呵的，从不摆架子，一口一个'大姐'。那小鑫倒是好，不知道我

名字，可以直接叫我保洁员，成天冲我'喂''喂''喂'地叫，算怎么回事？我就比她低一等了？"

"这个小鑫势力得有多大，得罪了人从来不懂道歉，自个儿还在那儿大笑，后台真那么硬吗？前几天，满满一杯咖啡泼了我一身，新买的真丝衬衫就这么毁了，她不仅一声'对不起'都没说，连抽点旁边桌上的纸巾给我擦擦都不知道，笑着就走了。这人什么素质啊！"

"部门几年没进新人了，也不知道现在的大学生是不是都像小鑫那样连基本的礼貌都不懂。自己缺东西，从别人那儿拿的时候从来不说一声，当着主人的面连个招呼都不打。那回最过分，自己缺文件夹，不知道去领，直接从我桌上拿了一个去，还把我的文件取了出来随意摊在桌上。我从经理办公室出来的时候，文件已经飞了满办公室。明知道开着窗户，她好歹找个东西压一下。"

"这个孩子，我是不太愿意跟她交流。每次一交流，不超过两分钟，她准开始搔首挠耳，不是东张西望，就是低着头抖腿，她不愿意跟我说话可以直接提出来，没有必要这么应付我。她早点提出来，我们早点结束这场谈话，对她对我都是解脱。"

礼貌，是一个人优良素养的体现，也是和谐社会关系的重要纽带。它说小不小，说大不大。它看似简单，实则影响着一个人的人际交往，影响着一个国家、一个民族的社会文明。它看似宏伟，实则存在于每个人身边的诸多小事中，它可以是一句"谢谢"，一声"对不起"，也可以是一次微笑，一个点头。礼貌，是塑造个人形象的美容师，更是构建人际关系的基石。

在与人交流时，应该注意哪些方面，才能做到有礼有节，表现出自

己的涵养呢?

1."礼"多人不怪

日常生活中,人与人之间的交往大部分靠语言来实现,因此,礼貌用语就成为每个彬彬有礼的人必不可少的"武器"。对于"谢谢""请""您""不客气"等礼貌用语,我们不仅要学会在陌生人面前说,更要学会在亲人、朋友、同事、爱人面前使用。礼貌用语让你的话语更加动听,更加宜人。无论多么亲近的人,双方之间的关系也需要以尊重为前提来维护。一个礼貌用语,不仅表现了你的涵养,也体现出你对他人的尊重。

2.学会道歉很重要

毫不夸张地说,道歉是人们在社会生活中必须掌握的技能,它关乎到你的人脉,更关乎到你的人生。及时道歉、敢于道歉、善于道歉,不仅体现着你的风度与修为,也让犯错的人更容易获得他人的谅解与支持。

3.你的态度决定对方的感受

无论礼貌用语或道歉措辞如何华丽,最能影响对方感受的是说话时的态度。面无表情地说上一万句"谢谢",其效果不如一次真诚的点头致意。在与人交流时,应以诚恳的态度、温婉的语气、真挚的表情为依托,而不是空泛苍白的语言。

4.肢体语言透露你的内心

在前文中,我们已经简单介绍了肢体语言在人际沟通中的重要作用,相信大家已经有所体会。一个让人感到彬彬有礼的人,他的一言一行、一举一动也必然是有礼有节、落落大方的。与人交谈时,我们应注

意把握好自己的肢体语言。频繁的小动作不仅会破坏你的整体美感，更会让对方觉得没有受到尊重。而一个习惯性的动作不但有可能让对方觉得你言不由衷，更有可能让双方的关系降到冰点。

落落大方，让你更受欢迎

常言道，一回生两回熟。意思就是说不管做什么事情，人们都是从陌生到熟悉的，人与人的相处也是如此。每个小生命从呱呱坠地开始，睁开眼睛看到父母，对他而言其实也是陌生的。更别说在生活中遇到的其他人，对于他们而言更是从未见过面，也未相处过，因而可以说，人从降临人世开始，就要面对很多陌生人。人认识这个世界的过程，也就是和陌生人从陌生到熟悉、不断相处而相知的过程。

现代社会，人际关系被提升到前所未有的高度，很多具备人际交往能力的人，能在社会交往中如鱼得水，也能收到其他人的认可和欢迎。我们虽然羡慕这样的社交达人，却不知道自己应该怎样做，才能变成他们那样，也成为人际高手，时时处处得到人们的青睐，受到人们的欢迎。现实生活中，有很多朋友一见到陌生人就会觉得很紧张，他们根本不知道如何与陌生人相处，更不知道怎样才能顺利与陌生人搭讪。因此尽管他们知道多个朋友多条路的道理，却没有掌握把陌生人变成朋友的方法。实际上，一个人是否能够受到陌生人欢迎，并不取决于陌生人，

而是很大程度上取决于当事人本身。

要想与陌生人结交，首先我们要有开放的心态，实际上很多人是自己把自己禁锢起来，而并非因为他人的拒绝接受。从这个意义上说，我们要挣脱心灵的囚牢，才能让自己变得更加自由自在，思想也无所禁锢。当然，和陌生人开始说话的第一步，就是我们要敢于和陌生人搭讪，勇于和陌生人寒暄。毕竟，人与人相识的过程，都是从陌生到熟悉，都是从生疏到亲密的。唯有成功搭讪，才能迈出彼此交往的第一步，也才能打破人与人之间的隔阂。所以朋友们，不要再在陌生人面前感到自卑，我们唯有丢掉胆怯，充满自信地和陌生人搭讪，才能如愿以偿地与陌生人成为朋友。

正值暑假，叶子每天都要带着女儿去上课。很长一段时间里，她在等待女儿上课时都在看手机，而很少与其他父母搭讪。当然，天天盯着手机不但很累，而且也很枯燥，渐渐地，叶子对手机失去了兴趣，也开始在漫长的等待里觉得无聊起来。

一天，叶子正和往常一样百无聊赖地用家乡话和同学聊天，等到她发完一条语音信息，有个妈妈突然惊喜地问："这位妈妈，您也是重庆人啊！"叶子听到熟悉的乡音，不由得激动地问："你是重庆哪里的？"那位妈妈说："万州的呀！"就这样，老乡见老乡，两眼泪汪汪，叶子和那位妈妈一见如故、相见恨晚地畅聊起来。原来，那位妈妈也是陪着儿子来上课的，最重要的是，她的儿子和叶子的女儿还是同一个老师呢！就这样，叶子的等待时间再也不漫长难熬了，这一切都要感谢那位妈妈勇敢地与叶子搭讪，从而消除了她们共同的寂寞和无聊。

生活中，有很多话题都是适合搭讪使用的，诸如校友，或者是老

乡，还可以一起感慨一下在大城市打拼的不易。对于父母而言，孩子是最好的搭讪借口，要知道每一位父母在说起孩子时，都会情不自禁地眉飞色舞。这些，都是人们之间彼此搭讪的好话题，也能够缩短人们之间的距离，瞬间变得亲密起来。总而言之，只要我们处处留心，主动与他人搭讪，我们就会结交到更多的朋友，也能够让自己处处受人欢迎。

当然，内心的胆怯自卑并非是马上就能消除的，而是需要一个长期的过程。诸如，我们要想变得勇敢无畏，就要树立起自信心，从而不管面对任何人和事情，都能积极主动，绝不胆怯退缩。其次，正如文章开头所说的，凡事都是一回生二回熟，因而要想适应与陌生人打交道，我们就必须拓宽自己的社交面，与更多的陌生人接触，从而提升自己的人际交往能力，让自己如愿以偿地取得进步。总而言之，不要被动地等待陌生人来与你搭讪，而是要勇敢地走向陌生人，主动和陌生人寒暄。假如你无法迈出结识陌生人的第一步，你也就无法认识更多的朋友，所以交朋友的主动权实际上掌握在你自己的手里。

适度保持安全距离

人与人之间是需要安全距离的，细心的朋友会发现，如今很多银行都特意设置了一米线，目的就在于让排队等候的人与正坐在窗口前办理业务的人之间保持适度的安全距离，这样才能保证正在办理业务的人隐

私得到有效保护。其实，人与人之间不仅仅需要保持物理距离，更需要保持心理距离。例如在交谈的时候，很多人说话时喜欢"动手动脚"，或者一边说话，一边为了引起他人的注意力，而触碰他人。实际上，这是非常不好的行为，因为这样已经入侵了他人的安全距离，使得他人不仅身体上受到侵犯而且心理上也受到侵扰。

真正有礼貌而且懂得尊重他人的人，在与他人交谈时，会保持适度的距离。所谓距离产生美，这并非只是美学命题，而是完全符合心理学规律的。每个人都需要适度的个人空间，哪怕是亲密无间的父母子与女之间或者是夫妻之间，这样的个人空间也不能完全消除。那么在与陌生人说话时，如果我们是第一次见到陌生人，而且对于陌生人毫无了解，那么就不能轻易侵犯陌生人的个人空间。前段时间热播的《欢乐颂》中，安迪因为从小在孤儿院长大，心理上非常孤僻，所以她特别害怕别人触碰她。哪怕是同性不小心碰到她，她也会马上紧张起来，恨不得找个地洞把自己藏起来。这就是童年时期的生活给安迪留下的心理阴影，然而面对陌生人，我们完全不知道他们是否也有这样的心理障碍，所以无论出于什么原因，还是尽量保持距离更妥当。

当然，凡事都讲究适度，都是过犹不及。我们既不能对陌生人表现出过分的热情，侵犯陌生人的安全空间，也不能对陌生人过于冷漠，显得冷若冰霜，否则我们就无法顺利与陌生人建立良好的关系。因而真正明智的人，懂得在与陌生人相处时把握好适度的距离，从而使陌生人对我们消除戒备心理，也做到尽量坦诚相见。

作为一名保险推销员，赵敏完全曲解了主管所说的要对客户热情的意思。每次去做地推的时候，赵敏只要看到有人靠近展板，了解保险的

相关信息，马上就会走上前去，开始热情地向客户介绍。但是没等她说几句，围观者就会皱着眉头离开。日久天长，有些人一见到是赵敏在做地推，就马上躲开，别说咨询保险的相关信息了，甚至都不愿意与赵敏照面。就这样，赵敏虽然对于工作非常用心，也很勤奋，但是却始终没有顺利获得订单。她觉得很委屈，因而特意去请教领自己入行的师傅。

为了观察赵敏的工作表现，有一天，师傅和赵敏一起去做地推。通过一段时间的观察，师傅找到了赵敏被拒绝的原因，他对赵敏说："虽然你很努力，也很热情，但是你显然有些热情过头了。现代社会，很多人都对保险并不陌生，他们很愿意自己先去了解一些信息，然后在需要的时候，再向保险代理人咨询。你呢，却偏偏过于热情，在他们刚刚站在宣传展板旁边，还没有看完一行字的时候，就迫不及待地走上前去想要对他们进行填鸭式推销，他们当然会很反感了。其实，下次你可以待在他们身旁不远处，这样既不会使他们觉得你在做推销，而且他们在有了疑惑的第一时间里，也可以向你咨询和求助。这样一来，他们肯定会对你留下比较好的印象。"赵敏按照师傅说的去做，果然很快就取得了好的效果，而且在工作上有了突出的表现。

人人都有安全距离，这个安全距离不但指身体上的，更指心理上的。很多推销员在工作中迫不及待地想要获得成功，因而对于工作急于求成，恨不得马上就能取得立竿见影的效果，这也直接导致他们对潜在客户黏得太紧，给潜在客户留下了不好的印象。实际上，没有人愿意接受硬性推销，每个人都想凭借自己的思考做出理智的决断，所以真正高明的推销员会努力引导客户，而不会如同狗皮膏药一样贴在客户身上。这就像是谈恋爱，只有赢得爱人的心，才是真正的追求成功。作为销售

人员，也要赢得客户的认可和信任，才算是真正搞定客户。物理上的距离，如果把握不好尺度，导致彼此距离过近，就容易使客户仓皇逃跑，这就得不偿失了。

通常情况下，亲密的关系应该是保持0～0.5米的距离，礼仪上的合理距离应该在0.5～1.5米之间，而社交距离应该保持在1.5～3米之间。在人多的公共场合，面对陌生人，最合理的距离是3米之外。所以与陌生人相处时，至少要保持1.5米的距离，当然握手等身体近距离接触的情况除外，如果遇到外宾有可能行拥抱礼，也可以作为例外。这里所说的距离，是对于人际交往的距离。要想给予对方安全感，避免给对方造成心理上的压力和受到侵犯的感觉，我们理应按照这一组数据调整与他人之间的距离。总而言之，很多时候距离并非越近越好。凡事皆有度，我们唯有与他人之间保持合适的距离，尤其是与陌生人之间要保持安全距离，才能与陌生人更好地交流，避免因为距离过远或者过近，导致陌生人情绪波动。

除了物理上的距离之外，我们也要与陌生人保持心理距离。其实，就算我们面对的不是陌生人而是熟悉的人，我们也同样要与他们保持心理距离。诸如，我们在与他人交谈时，哪怕认为自己是对的，也不要把自己的意见和想法强加于人，否则就会使人产生不愉快的心理感受，觉得受到强迫。此外，很多父母或者长辈对待孩子，以及其他关系亲密的人，总是因为各种原因想要控制他人的生活，这也是不可取的。总而言之，尊重就是建立在距离之上的，我们唯有与他人之间保持适度距离，才能最大限度地尊重他人，也才能赢得他人的尊重。

通过技巧让内向变健谈

与人交往的过程中，我们除了会遇到很多"闷葫芦"之外，也会遇到很多内向的人。和"闷葫芦"天生不爱交际、不喜欢与人交谈相比，实际上内向的人内心里暗流涌动，而且内向的人往往感情细腻、思维活跃，只是他们不善于表达而已，而并不代表他们没有所思所想、所感所悟。在这种情况下，我们一旦打开内向者的话匣子，就会发现内向者实际上非常健谈，而且他们的很多观点还特别新颖、独特、深刻。从这个角度而言，内向者就像是一座宝藏，等待着我们去挖掘，去发现他们的价值，我们挖掘以后就会惊喜连连。

那么，如何才能打开内向者的心扉，打开他们的话匣子，让他们对我们侃侃而谈呢？毫无疑问，沟通是人际交流的桥梁，人与人之间假如没有沟通，就无法相互了解，更不可能彼此理解。由此可见，沟通对于人际关系是至关重要的，往往起到无可替代的作用。因而要想与陌生的内向性格的人建立良好的人际关系，打开他们的话匣子，我们要从以下几个方面着手：

首先，在面对陌生人时，我们不要总是告诉自己对方是陌生人。很多人面对陌生人之所以一个字也说不出来，或者根本没有勇气与陌生人搭讪，就是因为他们心中有一个障碍——他们不停地告诉自己正在面对陌生人。在这种情况下，我们唯有先摆正心态，像对待朋友一样对待陌生人，才能营造自己与陌生人的友好氛围，从而成功跳脱出内心的禁锢和囚牢，做到与陌生人和谐相处。

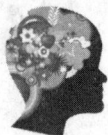

其次，人们对于不熟悉的人，总是心怀戒备，非常紧张。殊不知当我们在防范陌生人时，陌生人实际上也在防范我们。在这种情况下，我们要想打开陌生人的话匣子，一定要先拉近与陌生人之间的距离，从而让陌生人对我们亲近起来。

1984年5月，美国总统里根来中国访问，按计划去了复旦大学与学生们见面。当时，偌大的教室里坐满了学生，看着台下的学生们，里根说："实际上，我与复旦大学很有渊源，而且关系深刻。我的夫人南希曾经在美国史密斯学院读书，与你们的校长谢希德是校友。如此说来，我和在座的各位也毋庸置疑是朋友啦！"里根的这番话，瞬间拉近了学生们与他之间的距离，使得学生们爆发出热烈的掌声，与他亲近起来。毫无疑问，接下来的座谈中，学生们和里根相谈甚欢，这次见面给每个人都留下了难以磨灭的美好印象。

里根总统只用了几句真挚的话语，就充分表现出他想要和学生们亲近的愿望，学生们当然觉得他很友好，也更加愿意与他亲近，和谐互动。可以说，里根的这番话就像是一把金钥匙，成功地打开了原本紧张、激动的学生们的心。

再次，面对内向的交谈者，对于他们提出的疑问，我们一定要积极回应。大多数内向者都心思敏感细腻，他们本来就自信心不足，如果我们对于他们的话置若罔闻，只会使他们更加自卑，因而更不敢主动表达自己。因而对于内向者的任何发言或者问题，我们都要密切关注，并且及时给予回应。这样一来，他们得到我们的反馈，才会受到鼓舞，因而更愿意主动表达自己。

最后，为了激励内向者更加主动地与我们交流，表露自己的内心，

我们应该在合适的时机赞美内向者。当内向者被我们夸奖得飘飘然，在交流氛围中自我感觉良好，那么他们也会更愿意向我们袒露心扉，从而与我们友好交往。不过需要注意的是，凡事过犹不及，赞美内向者也要适度，否则就有拍马溜须之嫌疑，而且夸大其词的赞美还会带有嘲讽的意味，很有可能会使敏感的内向者受到伤害。所以，与内向者交谈，我们一定要注意自己的言辞，从而使交谈朝着理想的方向发展。

在和内向者交往之初，我们也许会觉得很难，甚至有些手足无措的感觉。但是一旦打开内向者的心扉，和内向者成功交往，那么我们也会被内向者丰富的内心所吸引，更惊叹于内向者的健谈。因而，最重要的是有良好的开始，正所谓万事开头难，只要迈过开始时的难关，我们与内向者接下来的交流就会更加顺遂，水到渠成。

第 03 章

分清场合，因人而异，塑
造灵活的言谈魅力

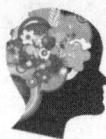

先看清楚交际对象再开口

"到什么山唱什么歌。"善于交际的人，在开口之前一定会先了解每个交际对象，然后针对每个人的不同情况"按方配药"，采取各种适宜的交流方式与之交流，从而达到理想的沟通效果。

有一位著名的口才大师在某大学为学生们做演讲时，讲了这么一个故事：

在一艘遭遇了航海事故的游艇上，原本正在一边观光一边谈生意的各国商人乱成了一团。眼看着船渐渐下沉，冷静的船长命令大副立即通知那些商人穿上救生衣跳海。结果，这些身家豪富的大人物各个临阵退缩，谁也不敢往下跳。船长见状，亲自出马。在船长的劝说下，商人们一个接一个地跳入海中。

后来，漂泊在海中的人们遇到了一艘邮轮，大家都平安地获救了。大副缓过神来，问船长道："船长，您怎么这么厉害，几句话就让他们都跳船了？您到底是怎么说的呀？"

"简单极了。"船长裹着毛毯，喝了一口热茶，背过一旁的商人们，小声说道："我对英国人说，跳海也是一项运动，于是他跳了。我

对法国人说，跳海是一项多么标新立异的游戏呀，于是他跳了。同时，我警告德国人说，跳海不是为了闹着玩，于是他跳了。对俄国人，我只要说，跳海是一种革命的壮举，他就毫不犹豫地跳了下去。"

故事说到这里，口才大师停顿了一会儿，然后问道："这些商人里，还有个美国人。在座的各位同学不妨猜一猜，这个船长对美国人说了些什么呢？"

口才大师这个生动而形象的故事，已经成功地引起了学生们的兴趣，大家都听得十分入神。听到大师的问题后，学生们纷纷议论起来。正在大家交头接耳的时候，一位来自美国的交换生站了起来，笑着说道："身为一个美国人，从我的角度来说的话，能让我跳海的理由应该是一份巨额保险吧！"

此言一出，口才大师和学生们都大笑起来。口才大师说了句"没错"，就带领大家一起为这位交换生鼓起掌来。

俗话说："知己知彼，百战不殆。"每个人都有各自的性格、身份，都处在属于自己的生活环境和心理状态中。社会交往中，只有根据现有的条件进行仔细的观察和深入的分析，才能把握好每个交际对象的真实内心，从而做到有的放矢。

在与人交际时，大致可以根据下面几个因素来决定交流方式或话题内容：

1.性别

男女之间的生理区别，形成了两者大不相同的心理；性别的差异，决定了两者大相径庭的思维方式。因此，面对不同性别的交际对象，也要考虑到他们的心理差异。即便面对两个性格、年龄、身份等因素都相

同，唯独性别不同的人，也要学会因人而异。例如，面对相同职位、类似性格和年龄的男上司和女上司，想要与之接近，对男上司，应多谈他的成就、工作等；而对女上司，可以尝试聊聊家庭、孩子等。

2.性格

面对不同性格的人，要学会用不同的方式来沟通。雷厉风行的人不会喜欢拖泥带水的沟通方式，温婉平和的人难以接受强硬霸道的语气，每个人喜欢什么样的交流方式或内容，很大程度上是由其性格决定的。

3.年龄

人们的身体和阅历等因为年龄的递增而发生改变，随之而来的，是心理状态和精神面貌的变化。不同年龄的人，对于同一种交流方式或话题内容，能够接受的程度也不同。例如，对于"死亡"这个话题，与孩童谈及，他们可能还懵懵懂懂，答非所问；与青年人戏言，他们会当作玩笑，插科打诨；与中年人讨论，他们对此会有一定的认识，也会有颇多感悟；而对于老年人来说，这是一个他们十分不愿意探讨的话题，最好避免提及。

4.身份

一个人的身份，是这个人在社会中扮演的角色，在很大程度上决定了他从事社会活动时选择的态度和方式，也决定了他对于他人的态度和方式的认可程度。例如，一个身居高位的领导者，他塑造的通常是成熟而稳重的形象，这是他对自己的要求，也是人们想象中的模式。和这样的人交流，如果大大咧咧、不拘小节，甚至风风火火，很可能收不到理想的效果。

交流方式要符合身份

当代社会中，无论男女老少、士农工商，都把"人人平等"挂在嘴边。有些人讲究解放，讲究平等，甚至到了要推翻一切"等级说"的地步。其实，现代社会追求的平等，是一种人权的平等，是一种人与人在精神上相互理解、相互尊重的社会权利和义务。平等，是人类的终极理想之一，而绝对的公平是不存在的。在现有环境下，由于各种差异，人与人之间只能追求相对的平等。

在社交中，平等的相对性体现得淋漓尽致。人与人之间和平地对话，互不侵犯、互不伤害，是一种平等。而面对不同身份的交际对象，人们依旧会将他们分为三六九等，然后根据对方的身份来选择交谈的内容和语气。其实，这并不是什么"折节"的事，也无损于平等。根据对方身份选择交际方式，本就是一种基本的社交礼仪，是每个人都应该掌握的基本技能。

一大早，冯旭刚到办公室，就被江汉拖到了角落。江汉压低声音，焦急地问道："哥们儿，这是咋了，怎么这一大早的，个个儿见我都横眉立目的，没个好模样。昨晚我又喝多了说错话了？"

"你这断片儿也断得太是时候了，不然你已经被自己吓死了！好家伙，昨晚你可真行！喝了酒，搂着吴经理的脖子叫大哥，跟人说胡话；然后又瞪着小高臭骂了一顿，说人家弄错了报表，没有你帮忙早就歇菜了；嚷嚷着叫周大姐是周大婶，说她保养得还没吴经理好；紧接着又拉着新来的小吴的手，要认人当弟弟。我说你啊，吴经理比你家老爷子还

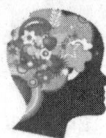

大几岁，你怎么叫得出口啊？又叫人周大姐是大婶，好么，你自己不在意得罪周大姐，倒把经理的辈分赔进去了。这还不算完，你不知道小吴是吴经理老家的远方亲戚么？按辈分，小吴要叫吴经理五爷爷。你倒好，你一根搅屎棍子，让人家祖孙辈的称兄道弟了！"

听到这里，江汉已经吓得面如土色。待回过神来，又开始挠破脑袋，研究道歉的方法。

西班牙作家塞万提斯曾经说过："说话不考虑对象，等于射击没有瞄准。"在与人交流时，除了要考虑对方的性别、性格、年龄等因素，还要将对方的身份列入参考范围。人的行为决定于性格，性格决定于先天形成和后天培养。在后天培养的部分中，性格很大程度上取决于一个人的成长和生活环境，即这个人的生活阅历和社会地位。简单来说，身份，影响着一个人的性格，影响着一个人在社交中的态度。面对不同身份的人，我们要学会量体裁衣，根据对方的社会地位选择沟通方式，才能收获良好的交际效果。

在面对不同身份的交际对象时，应该注意哪些方面呢？

1.自己的地位和对方的地位

交际中，自己的地位和对方的地位是相对的，大致有己低彼高、彼此持平、己高彼低三种模式。

当面对地位高于自己的长者、上司、前辈时，我们应恭谨自持，不必过于畏缩谄媚，也不可表现出不敬之态。谦虚、恭敬、谨慎，是对待这类人应有的态度。

当面对和自己地位大致相同的朋友、同事、同行时，我们应保持自信的微笑，用温和的态度对待他人。在这类人面前，不必虚张声势，也

不必太过自谦，不卑不亢是最好的方式。

当面对地位低于自己的晚辈、下级、学生时，我们应尽量随和、风趣一些，使谈话气氛更为轻松、活跃。两者之间地位有差异时，位低者本就容易压抑，如果在这时板着脸孔、太过一本正经，可能会加重对方紧张的情绪，让本应该顺畅的沟通变得艰难起来。

2.如何称呼对方

较为常见的称呼方法，一是在对方的姓氏后面加上他的职位，如"金教授""董经理""赵科长"等；二是在对方的姓氏后面加上他的职业，如"王大夫""宋老师""孔会计"等。另外，如果与对方是初识，彼此之间不甚了解，那么根据对方性别和婚姻状况在对方姓氏后面加"先生""小姐"或"女士"，也是常见的称呼方法。此外，需要注意的是，对于一些"上任三把火"的新官来说，称呼他们的职位是"必须"的；而对于一些地位极高的人来说，他们反而更喜欢别人称呼他们为"先生"或"女士"。

3.对方从事什么

在这个为了五斗米奔波的年代，人们愿意花费时间和精力去关注的内容，很多时候都和其自身职业有关。例如，正在商场厮杀的商人难以抽空去研究达·芬奇的大作，而正在卖画糊口的画家也无暇分身去关注诺贝尔经济学奖的论文。同时，一个人的职业身份和社会角色，也影响着他在社交中接受信息的能力和态度。因此，在选择话题内容和表达方式时，应该考虑到对方的职业特点。

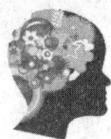

分清场合，才能近人情贴人心

聪明的人都懂得，在社交场合中，说话不仅要分清楚交际对象，要符合自己的身份，还要分清楚场合、因地制宜，这样说出的话才能近人情、贴人心，这样说话的人才叫"会说话"，才能获得大家的喜爱。

沈悦初入职场，就有幸遇到了一伙儿不错的同事。整个办公室氛围融洽，大家团结友爱，不仅工作上互相帮助，而且在生活中也相互照顾，还隔三差五地搞一次聚会。

这个周五，大家约好下班后一起去新开的饭馆尝尝鲜。沈悦原本不敢插话，但热情的同事们还是邀请她一道前往。

下班后，大家一起来到饭店。落座后，几个活泼的女同事率先打开了话匣子，将大家的聊天热情调动了起来。受到他们的感染，沈悦也活泼起来，她开启话题，不断追问着大家工作上的事宜。刚开始，几个男性还会回答她几句，后来，谁也不理她了，又开始了他们自己的话题。坐在一旁的范大姐悄悄地对沈悦说："我们从不在聚会时聊工作，有什么工作上的事，等到了公司再说吧，我们会手把手教你的。"

合乎时宜的话，才能合乎大家的心意。在人际交往中，要想让自己的话被大家接受、重视，体现自己良好的口才；要想在交往中占据有利地位，获得大家的青睐与赞赏，就要学会"到什么山上唱什么歌"，让自己说出的话符合自己所处的场合，这样才能收获理想中的交际效果。

在各种社交场合中，应该怎样把握自己的话题呢？

1.话题不要太"窄"

在社交场合中，尤其是人数较多的聚会中，我们应尽量选择大众性的话题，对于那些受众较小的话题应尽量避免。有些刚升级做妈妈的女士喜欢在聚会上大谈喂奶、换洗尿布等，甚至在饭桌上讨论孩子的屎尿等，还有些女士聊到开心时，完全不顾身边还有他人，对女性内衣、女性生理甚至两性问题等高谈阔论，让在场的男士和未婚女性十分尴尬。此外，个人的兴趣、见解等，只要不是聚会的主题或是大众的话题，也最好不要让这些话题占用过多的发言时间。

2.话题不要太"逆"

每个场合都有自己的气氛，我们在选择话题时，要根据场合的氛围来发言。在四世同堂为老人庆祝高寿时，最好不要谈论疾病、死亡等他人忌讳或是让人悲伤的话题；而在吊唁等场合，也不宜嬉皮笑脸，谈论一些"逆时"的话；在总结工作失败教训的会议上，不要总是提及过去的辉煌；而在庆功会上，也不要扫兴地一再指出工作过程中的失误。总之，即便说"逆时"的话是出于好意，也应该在私下里提醒，而不要让自己成为那个扫大家兴的人。

3.话题不要太"少"

在不同的场合中，我们应准备好各种不同的话题。在职场中，可以多和别人聊一些工作方面的问题，而在闲暇时的聚会中，就没有必要太过敬业，把工作带到自己生活中的每个角落，还影响了他人放松的心情。在相应的场合选择相应的话题，才能让交际对象有兴趣将这次交流继续下去。

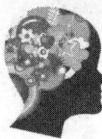

管住嘴巴，不要脱口而出

每个人每天都需要与他人交流，要想建立良好的人际关系，我们首先要掌握语言的艺术。试想，如果一个人连话都说不好，又如何做到与他人友好相处呢？很多时候，人与人关系的破裂就是因为其中一方的一句无心的话。可以说，人与人之间的关系是这个世界上最牢固和坚韧的，也是最脆弱和不堪一击的。我们必须好好经营和维护人际关系，才能使其始终保持合适的温度。

现实生活中，尽管人人都知道说话要讲究证据，但是依然有很多长舌妇，甚至包括很多男人，都喜欢传播小道消息，散布流言蜚语。这些话看似没有什么杀伤力，也不至于给人带来多么明显的伤害，但是其实这对于人际关系绝对是一种腐蚀，会给原本良好的人际关系带来难以修复的缺口。记得曾经有个电视节目，专门让十几个人排成长长的队伍，然后依次向后传递一句话。就是在这十米之内的距离中，那句并不长也不艰难晦涩的话，就彻底变了模样，甚至连此前的一点意思都没有了。我们可以试想一下，如此咬耳朵地传话，话都变了意思，更何况是在生活中各种复杂的场合里，添油加醋地口口相传呢！很多流言蜚语，根本无法追溯本源。

晓玲和丽丽是一对好朋友。晓玲心思细腻，丽丽则是个马大哈，不但喜欢说笑，而且快言快语，心里几乎装不下事情。前段时间，丽丽看到晓玲的老公和其他女人在一家餐厅里吃饭，而且有说有笑的，看起来非常开心的样子。丽丽一刻也没有停留，马上打电话告诉晓玲："你家

老公和一个女人吃饭，看起来还很亲热呢！你可别整天只顾着操持家务照顾孩子，到时候老公被人家拐跑了，你都不知道！"丽丽说话就像连珠炮，说完就完了，但是晓玲却郁闷了。

等到老公深夜回家之后，她故意试探老公："今晚你们单位聚餐吗？"老公点点头，说："嗯，老板请客！"晓玲又问："难道你的女老板只请你一个人？"老公感觉到晓玲说话的语气饱含挖苦和讽刺，因而反问："你什么意思？"晓玲突然爆发了，一把鼻涕一把眼泪地诉起苦来："我天天在家里当黄脸婆，好好的工作都不要了，专门伺候你和儿子。你可倒好，有时间陪着别的女人吃饭，却把我扔在家里不管不顾。我告诉你，从现在起老娘也不伺候了，儿子你管，家务你做，我也要像你一样去外面风流快活。"晓玲的这番话把老公彻底弄蒙了，怒斥她："你发什么神经病，我们十几个人一起吃的饭，不信你明天可以去我的单位问。简直不可理喻！"老公说得言之凿凿，晓玲不由得心虚起来，不敢再声张，但是老公却气得一个晚上都没理她。晚上，晓玲赶紧打电话问丽丽到底看见了什么，听到晓玲说和老公吵架了，丽丽才慌张地说："哎呀，我是和你开玩笑的呢，你怎么当真了！我的确看到你家老公和一个女人坐在一起吃饭，还相谈甚欢，不过他们那张桌子上的确有十几个人，并不止他们两个人。"听到丽丽的解释，晓玲生气地说："你这个人，说话怎么这样啊，难道一点不要负责任的嘛！"

丽丽顺口说出的捕风捉影、夸大其词的话，就这样轻而易举地导致晓玲和丈夫吵了一架，严重地影响了他们的家庭和谐和夫妻感情。对于任何夫妻而言，彼此间的信任都是最重要的。不管是被怀疑的那一方，还是怀疑的那一方，一旦心中有了疙瘩，就很难解开。其实，丽丽在当

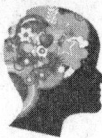

初夸大其词的时候并没有想到问题会这样严重，如今的她也是追悔莫及。

英国著名的思想家培根曾说，不管对于任何人而言，说话的实事求是与含蓄得体都比口若悬河更可贵。的确，人们在社会生活之中难免会遇到一些意外的事情，与其闪烁其词造成误解，或者夸大其词导致纷争，不如从客观实际出发，实事求是。只有管严自己的嘴巴，才能尽量避免祸从口出，也不会随随便便就把什么话都不假思索地脱口而出。很多情况下，说出去的话如同泼出去的水，想要收回是很困难的，更别说消除影响和误解了。因而，每个人都应该谨言慎行，三思而行，这样才能保证每个字都是符合客观事实的。

把握好时机，增强说话效果

和在生活中一样，职场上说话也需要讲究好时机。假如不能准确把握时机，把话说得不合时宜，就无法达到预期的目的，甚至导致事与愿违。人是感情的动物，不管是你的同事、下属还是上司，即便在面对工作时，也无法始终保持清醒和理智。他们因为私人原因或者工作上的压力，有时候难免会心情低落，郁郁寡欢。在这种情况下，如果你向他们传达或者汇报工作，往往难以得到他们积极的回应。与其这么低效率地工作，不如选择在他们精神状态好、注意力集中的时间沟通，这样往往

会事半功倍。

很多人在与他人交流时，只顾着自己一味地说，而根本没有注意到对方是不是在认真专注地听。最终，我们自己如同竹筒倒豆子一般说了个痛快，但是对方却根本没听到耳朵里，更别提走心了。在这种状态下，交流的效率无疑非常低下。除此之外，我们还需要注意，当领导心情不好时，我们最好躲得远远的，除非你有能力像刘罗锅那样把乾隆皇帝逗笑，否则千万不要往枪口上撞。要想交流有效果，要想让自己的请示得到最好的回应，聪明的下属会选择在领导心情大好时汇报工作，这样即使得不到肯定的答复，也不会被批评，或者招致领导反感。由此可见，在职场上掌握说话的时机是非常重要的，对于我们工作的顺利展开以及职业生涯的发展，都有莫大的好处。

前段时间，夏利所在的学校添置了一个机房，为的是给孩子进行计算机教育。这个机房是教育局统一调配资金给各个学校配置的，因而，校长也很高兴学校的整个教学水平一下子提高了一大截。因为全校大多数都是老教师，对计算机原本就一窍不通，因而校长特意安排夏利负责机房的相关工作，并且也让夏利负责给孩子们讲授计算机课程。

一段时间之后，天气越来越热了。夏利提议校长给机房安装一个大功率的空调，因为一旦机房温度过高，那么电脑主机无法散热，就很容易受损。不过，校长却不以为然地说：“你这家伙，我们连办公室都没有空调，你一定是想让自己的办公环境更好些吧！”夏利赶紧辩解：“校长，您这可冤枉我了。电脑真的受不住热，不是我蒙您。”由于学校经费有限，校长最终还是没舍得花几千块钱安装空调，夏利只得作罢。

有一次，校长带着教导主任、夏利等到县里的一所实验小学参观。等参观到机房时，一股凉意扑面而来。夏利问负责引导他们参观的张老师："张老师，你们的机房真凉快啊！"张老师说："天气这么热，不凉快不行啊，电脑受不了！"夏利灵机一动，马上当着校长的面继续问："张老师，我想请教您一下，如果电脑过热，会有什么后果呢？"张老师面色严肃地说："如果电脑过热，就会停止工作。要是经常发生这样的情况，主机受损，电脑可就报废了。"夏利连连点头，趁热打铁地对校长说："校长您看，张老师可是计算机专家啊！"校长不好意思地连连点头，说："回去咱们就装空调，可不能把电脑热坏了。"

在这个案例中，夏利几次向校长提议，校长都因为舍不得经费而拒绝安装空调。借着去县里的实验小学参观的机会，夏利特意当着校长的面向精通电脑的张老师请教，让张老师亲口说出电脑不能过热的特性以及过热之后的严重后果，借此机会，夏利再趁热打铁提出请求，自然事半功倍。

人在职场，经常要与领导打交道。我们既然不能强迫领导如何安排工作，就只能向领导提出建议。那么在提建议的时候，一定要注意把握最好的时机。只要掌握好时机，就能事半功倍。否则就算磨破嘴皮，也没有效果，反而还会招致领导反感，可谓得不偿失。

切忌玩笑开过头

生活中有很多人都喜欢开玩笑。尤其是在压力大或者气氛沉闷的情况下，适度的玩笑总是能够帮助我们缓解紧张的神经，也能够让交谈的氛围变得热烈融洽。然而，凡事都有度，玩笑如果过度，是会造成相反效果的。尤其是在人际关系复杂的职场上，开玩笑就更要慎重，否则一句话不留神，也许就会得罪一大片人，导致自己职场上的人际关系恶化，而且也很难立足于同事之间。

当然，这也并非要求我们终日不苟言笑，面色凝重。毕竟很多同事从每天早晨八九点钟开始上班，到下午五六点下班之前，一直都在一起。如此长时间的朝夕相处，使得大家都很熟悉，而且也需要在工作之余说些轻松的话题，这样才能有效缓解工作的紧张和压力，也能拉近彼此间的关系。毋庸置疑，同事之间那些所谓的"开心果"都是特别受欢迎的，因为他们不管走到哪里都能给人们带来欢声笑语。相比之下，大家都不喜欢整日面对一个愁眉苦脸、眉头紧锁的人，自己看着心情也会变得沉重起来。而且，有的时候当办公室里气氛紧张，或者某些同事之间的关系因为利益纷争变得剑拔弩张，也可以采取开玩笑的方式调节气氛，放松心情。总而言之，不管是生活中还是工作中，都离不开好心情，我们也必须努力掌握开玩笑的分寸。所谓凡事过犹不及，一旦开玩笑过度，就会导致恶劣的后果，使我们自身和他人都陷入尴尬难堪的境遇中。

小苏和小秦是一起进入公司的新人，经过一年多的朝夕相处，他们

成了好朋友，不但在工作上相互扶持和帮助，在生活中也互相照应，关系亲密。

这天是愚人节，小苏突然气喘吁吁地跑进办公室，对小秦说："小秦，你媳妇不小心摔倒了，马上要生了！"小秦的媳妇身怀六甲，还有两个多月才到预产期，因而当听到小苏的话时，他马上觉得脑袋一片空白，心里紧张得要死。他不顾一切地跑出办公室，因为电梯人多，居然一口气跑下二十几层楼，气喘吁吁地来到路边打出租车。这时，小苏的电话来了，小秦赶紧接电话，问道："快说，哪个医院！"小苏的笑声从听筒里传来，他笑得上气不接下气，说："哈哈，小秦，你上当了，难道你不知道今天是愚人节吗？！"

小秦就像虚脱了一般回到办公室，脸色铁青，自始至终没有和小苏说过任何话。小苏这才意识到自己的玩笑有些开大了，虽然他几次和小秦道歉，但是小秦却听若未闻，根本不理他。直到一周之后，小秦才以拒人于千里之外的态度对小苏说："哥们，以后开玩笑悠着点儿，别太过分了。咱们以后就是普通同事关系，再也不要和我开玩笑。"从此之后，小秦果然不再和小苏走得那么近了，就这样失去了一个好朋友，小苏懊悔不已。

在这个案例中，小苏的玩笑显然是太过分了。对于一个身怀六甲的孕妇而言，摔倒早产是人命关天的大事，根本不能用来开玩笑，即使关系再好的朋友之间也同样不可以。而且，小秦被骗之后，不顾一切地朝着医院奔去，如果途中出现什么意外，也是会导致很严重的伤害。不得不说，小苏的玩笑真的太过分了。小秦从此与小苏绝交，也可以体谅他的心情，毕竟没有人愿意自己的妻儿出现生命危险。尽管小苏并非出于

恶意，但是对于妻子即将生产的小秦而言，这样的玩笑无疑是很晦气也很忌讳的。

　　开玩笑一定要避免庸俗。任何庸俗的玩笑，都会给人带来伤害。此外，还要区分人的脾气性格等。尤其是在人多的公众场合，更不要随意拿别人开玩笑，否则很容易伤害他人的自尊。总而言之，说些笑话是很简单的事情，但是开玩笑总要牵扯到他人，必须非常慎重小心。很多人误以为捉弄人就是开玩笑，就像案例中的小苏，却为此失去了最好的朋友，不得不说是损失惨重。总而言之，不管是在生活中还是在工作中，我们在开玩笑时必须把握好尺度，才能让玩笑起到积极的作用，避免事与愿违。

第 04 章

活用幽默，调节气氛，营造愉悦的交谈环境

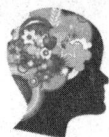

幽默驶得万年船

生活中，任何交际场合，人们都讨厌沉闷的氛围，而喜欢轻松的气氛。无论是新朋友还是老同事、老同学，一见面，若找不到共同话题，都会使得气氛沉闷。在沉闷的氛围里，人容易紧张，这时做什么事都会觉得不自在，这样是不利于交往以及问题的解决的。所以摆脱沉闷的气氛无疑将会推动友谊的升温、情感的发展以及问题的解决。讲一个小笑话、一句恰到好处的幽默快语来调节一下此刻的氛围，对摆脱沉闷、促进交流无疑是不错的选择。

幽默不仅可以破除沉闷的气氛，还可以消除紧张，解除人的压力，提高生活的品质。它可以把我们从个人的体壳中拉出来，使我们和他人相处不至于紧张；它可以化解冰霜，使我们获得益友；它还可以使我们精神振奋，信心倍增，避免发生许多不愉快的事情。

幽默对调节氛围的效果是明显的，但是幽默不是顺手拈来的，也不是那么容易就取得良好的效果的。这需要不断地学习与积累。

首先，要用知识不断地充实自己。没有丰富的知识，很可能不明白对方在说什么，或者在幽默时，缺乏素材，找一些不尽如人意的说辞又

会让人不知所云，不恰当的幽默还不如选择沉默。

然后，要用实践不断地历练自己。一个能淡定处世的人都有着丰富的人生阅历，经历少的人很可能在特定的场景出现思维短路、呆若木鸡等情况，更别提谈笑风生了、饶有风趣了。所以，要有相当的学识和丰富的经历才能在关键时刻气定神闲、妙语解颐。

因此，把"因幽默的力量而享受趣味"加在你的日程表上，学会去生活得更快乐，以轻松的心情面对自己，而以严肃的态度面对人生，掌握你自己的幽默力量。

掌握幽默的尺度与火候

任何事物都有它合适的温度，幽默也是如此。如果将幽默比喻为水，那么，最受普罗大众欢迎的，相信永远是那一杯不冷不烫、温度适宜的水，也是那一份冷暖相宜、不浓不淡的幽默。对于我们来说，如果插科打诨、动辄让人哈哈大笑的幽默有些过于热烈；那么晦涩难懂、总是令人费解无感的幽默也难逃枯燥、冷僻之嫌。

办公室新来的张洁，为了能尽快融入这个新的大家庭，可谓煞费苦心。经过一段时间的观察，她发现整个办公室的氛围十分融洽，大家其乐融融，每个同事都爱说笑，尤其那几个男同事，更是好玩闹的人，经常逗得别人喜笑颜开。

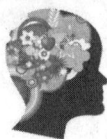

从小就笨口拙舌的张洁决心好好改造自己。这不，眼见最近办公室流行冷笑话，她赶紧废寝忘食地上网搜索，从一大堆冷笑话中挑出自己看了都汗毛直立的几个，背下来后讲给同事们听。同事们听了，个个儿变得愣头愣脑，好半天都弄不清张洁想表达什么。几个反应快的小伙子想明白后，赶紧干笑几声，算是给张洁捧场。

张洁讲了一段时间冷笑话后，发现自己的人气不升反降，又开始改变战略，恶补起了那些专门恶搞的综艺节目。她甚至买来和节目主持人一样的夸张的饰品，模仿主持人的腔调和动作，在工休时间给大家表演。这次的"笑果"令张洁十分满意，大家都乐得前仰后合，连午觉都睡不着了。

然而，时间久了，张洁又有了新的烦恼。大家笑归笑，却并没有对她展现出进一步的好感。就连那个曾经偷偷给她塞情书的男同事，对她的态度也渐渐冷淡了。

老舍先生曾经说："人的才能不一样，有的人会幽默，有的人不会，不会幽默的人最好不必勉强。"对于每个人来说，幽默的定义不尽相同，能够接受的幽默的温度也不一样。我们想要变成大受欢迎的幽默之人，至少要先让自己的幽默温度合乎大众的接受程度。否则，只会令他人觉得你是勉强幽默的人，不仅索然无味，而且相处不如回避。

那么，我们该怎样做，才能让自己的幽默冷热适中、众口皆宜呢？

1.少用晦涩、专业的语言

幽默可以展现风采，体现学识，但幽默是为了润滑人际关系，为了让我们更好地融入自己的社交圈子，而不是为了表现而刻意为之。我们的幽默，应当婉转含蓄，但绝不应晦涩难懂。有些人总喜欢用一些专业

术语或是大众不甚理解的晦涩之言来体现自己的博学，然而就在他得意扬扬地玩转幽默时，其他人大多丈二和尚摸不着头脑。他的一番显摆，也就白费了工夫，有时甚至还会让人觉得此人不善沟通、难以交流。

2.少用过于粗俗、直白的语言

幽默不是闹剧，尤其对于我们来说，幽默更不是哗众取宠，不是跳梁小丑般的刻意表演。有些人误解了幽默的含义，为了提升自己的幽默能力，总是从一些无厘头电影或恶搞的综艺节目中生搬硬套一些台词或是段子来丰富自己的语言。有的人甚至不惜以刻意丑化自己为手段来博人一笑。这种笑话不仅毫无营养，也会让我们的形象大打折扣。女性的幽默，应当是自然的、从容的、含蓄而又智慧的。

3.要有内容，也要有情感

幽默应当有丰富的内涵，让人在会心一笑之后还能有绵延的回味。一句俏皮的回答，体现着我们的智慧，我们的涵养，以及我们对于人生积极乐观的态度。同时，幽默也要注意情感倾向。幽默可以是一种善意的调侃，一种委婉的提点，但不应是刻薄的挖苦，或是冷漠的嘲笑。

巧用孩童式幽默

幽默，是思想、才学和灵感的结晶，能使语言在瞬间闪现出耀眼的火花。它往往以温和宽厚的态度，夸张或倒错的方式，俏皮而含蓄的

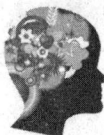

语言，进行讥刺、揶揄，使人们在会心的微笑中有所警觉。而现实生活中，很多人一脸严肃，即使是轻松的话题也显得分外凝重。实际上，如果能在谈笑风生中把某种信息传递给对方，不是更好吗？因此，不论是内向或外向的人，对生活都可以采取幽默的态度。我们先来看看下面这个笑话：

老师："小波，你为什么上课吃苹果？"小波："报告老师，我的香蕉吃完了。"

听完学生小波的回答，我们在感叹孩子调皮的同时，也不免为他的童真感动。这里，老师强调的是"上课"，即吃东西的时间，是状语，幽默主体小波强调的是"苹果"，即吃什么东西，是宾语。他误解了对方话语的重点，所以形成了幽默。看得出来，这种误解是无意的误解。

其实，生活中，面对严肃、凝重、尴尬的语言环境，我们不妨也和这个孩子一样逗逗趣。我们把这种制造幽默的方式叫作孩童式的幽默。

有一家人决定进城里去居住，于是到处找房子。他们好不容易找到了一家愿意出租房子的主人，于是敲门，小心地问道："我们一家三口有租到您的房子的荣幸吗？"房东看了这一家三口，说："很遗憾，实在对不起，我们不想租给有孩子的住户。"夫妻一听，很失望，带着孩子无奈地离开。那个5岁的小孩，从头到尾都看在眼里，只见他又折回去敲房东的大门，房东开了门，5岁的小孩子精神抖擞地说："老爷爷，我租房子，我没有孩子，只有两位大人。"房东听了哈哈大笑，他们由此租到了房子。

小孩子没有心机，没有谋略，这些话出自一个5岁小孩之口，自然天性，可信可赖，又蕴含了最大的幽默，体现着聪明才智。幽默需要童

心。在强大的理性社会里，不仅仅成人的童心泯灭，就是儿童也有成人化的趋势。幽默能使童心常在。

具体来说，孩童式的幽默通常可以用于以下几种语言环境：

1.尴尬时

在交际中，难免发生一些尴尬、不好应付的事情。此时可采用转换的方法，从事物的另一面入手，转换思维方法，另辟蹊径，从而达到预期的目的。

我们与人同笑，不仅能使他人的幽默力量帮助我们消除工作中的紧张，驱除挫折感，而且也能把别人最希望从他的工作中得到的给他，那就是更轻松、更坦诚与人分享的豁朗态度。

2.应对他人的攻击时

此时，采用恰当逗趣式的幽默谈吐，应对周旋，能使彼此沟通，缓和气氛，搞好关系，也显示了自己的风度、力量，对维护自身的形象，有着积极的交际效果。

3.逗趣式幽默还可以帮助我们在日常生活中表示活泼、亲昵。

无论在哪种情况下使用孩童式的逗趣，都应符合公认的美学标准。否则，就会显得庸俗，有损道德品性。另外，我们若不能领略别人的幽默力量，也就不太可能以自己的幽默力量来激励别人。为了表现我们重视别人给我们带来的好处，为了通过自己来激励别人，我们何不与人同笑，笑尽天下可笑之事呢？

善用幽默获得他人好感

幽默是语言的艺术，也是制造快乐的艺术，幽默能够引发喜悦，给人们带来欢乐，使别人获得精神上的快感。我们与有幽默感的人相处会感到愉快，而与缺乏幽默感的人相处，则是一种负担。因此，与人交往时，如果你希望瞬间赢得对方的好感，就要善于运用幽默这一不可缺少的社交生活润滑剂。

从某种意义上说，培养自己的幽默感，也就是培养自己的处世、生存和创造的能力。有较强生存能力的人，通常也是一个有影响力和感染力的人。幽默像是击石产生的火花，是瞬间的灵思，所以必须要有高度的反应与机智，才能说出幽默的语句。幽默可能会化解尴尬的场面，也可能会作为不露骨的自卫与反击，但更重要的还是让你赢得了他人的好感。

一个具有幽默感的人，他最大的魅力并不止于谈吐风趣、会说话，他还懂得运用幽默，来增进你与他的关系，并改善自己的人格和品质。

幽默感是指一种能力，是理解别人的幽默和表现自己的幽默的能力。幽默是一种艺术，具有幽默感的人，生活中充满了情趣，许多看来令人痛苦烦恼的事，他们却应付得轻松自如。

因此，如果你想在与人交往时给人留下一个良好的印象，就要善于运用幽默的力量。无论在别人家做客，还是在自己家待客，充满幽默的言谈气氛相信是我们每个人都需要的。当你走入室内，就要将你的幽默表现出来。一个面带怒容或神情抑郁的人，永远都不会比一个面带笑容

的人受欢迎。

在这个竞争越来越激烈的社会，幽默感对于我们来说，显得越来越重要了，因为他不仅能为严肃凝滞的气氛带来活力，更显示了高度的智慧、自信与适应环境的能力。如果你确实想成为一个具有幽默感的人，千万不要假装幽默，而应该努力培养你的悟性，使你无论在什么地方，都备受欢迎。

因此，你需要记住的是：

开玩笑，并不是不分场合的，否则，不仅玩笑达不到效果，还可能会招致别人的反感。

另外，开玩笑也应该多考虑他人的感受，他人的生理缺陷，是不能拿来开玩笑的，这是在故意揭别人的伤疤，把自己的快乐建立在别人的痛苦之上。要知道，恶作剧可能会产生意外的效果，但并不是所有人都能接受你的恶作剧，如果玩笑可能刺伤在座的任何一个人的话，你还是不要说出来的好。因为受到伤害的人会因为别人的笑声，内心更为难受，甚至对你产生怨恨。

幽默也可化解尴尬与困难

与人交往时总会不时碰到困难或尴尬的情况，即使你极小心防备，也难保不发生。既然困难和尴尬在所难免，那么，我们就应该着力解

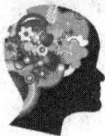

决。面对困难和难堪，如果你换个心境和角度去看，用有趣的思想、幽默的语言、轻松的心态去对待，也许能使你的生活充满亮色，使你本来忧郁的心情像满天的乌云被吹散一样明朗。

美国历史上的许多重要人物，如林肯、罗斯福、威尔逊等，都有幽默的能力。

有一次，林肯与一位朋友边走边交谈，当他们走至回廊时，一队早已等候多时、准备接受总统训话的士兵齐声欢呼起来，但那位朋友还没有意识到自己应退开。这时，一位副官走上前来提醒他退后八步，这位朋友才发现自己的失礼，立即涨红了脸，但林肯立即微笑着说："白兰德先生，你要知道也许他们还分辨不清谁是总统呢！"就这么一句简简单单的话语，立刻打破了现场的尴尬气氛。

林肯化解尴尬和难堪的方法是幽默。开开玩笑，现场的尴尬气氛立即烟消云散。同时，人都喜欢与幽默的人相处，在西方，没有幽默感的先生，简直就是没魅力、愚蠢的代名词。幽默的人比古板严肃的人更易于与下属打成一片。任何一个交际红人都知道，要使身边的朋友、同事全力支持自己，就有必要通过幽默使自己的形象人性化。同样，用幽默法化解尴尬还可能使他们有意外的收获。

幽默是管理者的一种优秀、健康的品质，当然幽默也是一种创造性的本领，要随机应变，根据对象、环境以及刹那间的气氛而定，但也需注意以下技巧：

1.幽默要高雅

在生活中，很多人开玩笑时往往不懂得把握分寸，结果让大家不欢而散，影响了彼此之间的感情。当你在运用幽默时，幽默应该高雅，低

俗不堪的幽默是一种最不明智的行为。

2.不要随意幽默

幽默并不是适用于所有场合，某些庄严肃穆的场合，你的一句幽默的话可能会招致他人的厌恶。比如，在一个正式的会议上，当你的下属在发言时，你突然冒出一两句逗人的话，也许大家被你的幽默逗笑了，但发言的那位下属心里肯定认为你不尊重他，对他的发言不感兴趣。而有些场合，则是很需要幽默的调和作用的。比如，尴尬的场合。

3.不幽默时无须硬要幽默

如果当时的条件并不具备，你却要尽力表现出幽默，其结果必定是勉为其难，到底该不该笑一笑呢？这会令彼此陷入更尴尬的境地。

用幽默缓解工作压力

我们都知道，身处职场，我们的工作效率，通常是与个人心境有关的，轻松的氛围能让我们对工作产生积极的情绪，从而能高效率地工作。我们不难发现，那些具有幽默感的人，通常在生活满意度、生产效率、创造力以及工作士气等方面都胜过那些没有幽默感的人。

因此，在紧张的工作氛围中，幽默感似乎是用来对付压力的最好方式之一。许多管理专家发现，幽默能够改善组织内的生产力与士气。

幽默是一种人生态度，也是一种生存技巧，幽默能产生一股力量，

以对抗周围不如意的境况。幽默能使人放松心情，减低压力。积极的幽默能使工作环境变得轻松愉快。

小风整天都开开心心的，他是办公室里的活宝，他总是能在恰当的时刻说出几句幽默的话，逗得同事们一个个笑得前俯后仰，办公室里沉闷的气氛经常在他的几句幽默中变得轻松起来。事实上，小风并不是一个只会耍嘴皮子的人，他的办事效率似乎比别人高，尤其是在一些棘手的难度大的工作面前，他总是处理得游刃有余。

同事问小风的工作秘诀是什么。小风开诚布公地回答："我只是比你幽默而已。幽默使我卸下了包袱，轻松前进，这就是我做事比你们快的原因。"同事听后恍然大悟：原来幽默不仅是笑声，对工作还有这么大的好处！

的确，一个人每天的工作时间往往长达八小时，而且人生的黄金时段基本都是在工作中度过的，如果每天都是板着面孔，郁郁寡欢，那人生的乐趣何在呢？工作中没有愉悦的心情，工作效率又怎么会提高？现在的职场已经不仅仅要求工作，还要求高效率地工作。因此，以一种什么样的心态去面对工作就很重要。美国田纳西州大学心理学教授柯沃德·约理欧非常赞同幽默能提高生产效率这一观点。他通过对幽默效应的研究，发现幽默不但可以减轻疲劳，还能振奋精神，特别是对那些从事重复性劳动的人最有效果——他们如果能在轻松愉快的气氛中工作，往往能够超额完成任务。

在沃尔玛内部，就有一种独特的文化氛围，它体现了一种团队精神，一种美国人努力工作、友善待人的精神，我们称为"幽默"文化。沃尔玛人一方面辛勤工作，另一方面在工作之余自娱自乐。专家认为，

沃尔玛的这种文化氛围是员工们努力工作的动力之源，也是沃尔玛获得成功的最独特的秘密武器。

因此，身在职场，应该设法将快乐带给每一位同人，让他们受到自己的感染，让工作成为一项轻松的任务，甚至是一种至高无上的享受。

一个懂得幽默的人，他平时的心情往往比严肃的人要轻松得多，因为笑声把那些不顺心的事都冲淡了，能够经常保持轻松的心情，他的工作压力自然就小得多。

办公室的幽默，就像职场中的润滑剂，不但能活跃气氛，给生活带来乐趣，而且能巧妙地化解矛盾，传递信息。

在工作中，有一些适当的、高品位的幽默，可以活跃气氛、振奋精神、缓解压力。因此，要想快乐着、轻松着工作，你不妨试一下幽默的力量，常与朋友或者同事用幽默的语言调侃一下，让开心的笑声驱散身心的疲惫，放松一下内心世界，就会感到幽默是一种难得的惬意和怡然。

学会赞美，有的放矢，让夸赞为自己赢得信誉

从对方的最得意之处入手

美国心理学之父威廉·詹姆斯曾经说过："人性深处最大的欲望，莫过于受到外界的认可与赞扬。"在人们的社交活动中，赞美他人，是一种社交智慧，需要相当的技巧。生活中我们经常发现，有时候，我们费尽口水地把人从里夸到外，还不如四两拨千斤地抓住对方最自豪的一点简单夸上两句得来的效果实在。

早就听说对方的郑董事长平日老练持重、不苟言笑，准备与他谈判的尹悠心里不免发怵：这样一个对手，要如何应付呢？因为这份担忧，她专门抽出时间来调查郑董事长的经历，做足了功课。

双方见面握手后，尹悠说道："郑董事长，早就听说您年轻时爱好运动，还破了我市200米短跑的纪录，且这个纪录至今无人打破。没想到，这么些年过去了，您的体格不减当年，还是如此健硕。"

郑董事长闻言，竟微微一笑，说道："看来小姑娘特意调查了我。不错，我对运动的喜好，至今没有减退，每天都要锻炼一个小时。"

尹悠听了，忙向郑董事长讨教保持身材的绝招。这就样，一段寒暄过后，正式的谈判也继续保持了轻松的氛围。最终，两家都获得了较为

理想的结果。

凡事对症下药，才能收获理想的疗效，赞美也是如此。每一个人都有自己最引以为豪的一面，在与人交际时，如果能够抓住这一点，有的放矢，重点照顾，所收获的效果绝对大大超过蜻蜓点水式的"遍地开花"。

那么，在社会交际中，想要一针见血地夸到对方心里，需要从哪些方面着手呢？

1.对交际对象有一定的了解

俗话说："凡事预则立，不预则废。"我们想要在赞美人时字字顺人心意，句句动人心田，首先要对赞美的对象有一定程度的了解。这种了解不仅要包括对方最得意之事，还要包括对方最失意之事、最忌讳之事、最在意之事等。因为在很多时候，你大费周章地夸了对方一通，很可能由于一个不小心触犯对方的逆鳞，而让你之前的所有努力都付诸东流。

2.在相关方面有足够的知识

赞美别人的得意之处时，需要有将这个话题延展、铺伸的能力。例如，你夸对方书法写得好，你们就此展开话题，你不可能从头到尾不停地重复"写得真好""太棒了""从没见过这么好的书法作品"等话。双方相谈甚欢的前提是你掌握一定的书法知识，能让这个话题更加丰富饱满，让你的赞美更加真实生动。哪怕只是一句"颇有魏晋风骨"，也总比"写得像哪个大书法家似的"更让人觉得可信。你表现得越了解，对方越会觉得你的赞美出自真心，而不是敷衍搪塞或刻意逢迎。

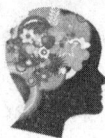

3.对各种赞美技巧有所掌握

在前文我们介绍过，不同性格的人对于赞美有着不同的表现，这就要求掌握多种赞美技巧，能够随机应变，见招拆招。间接赞美不行，就试试正面赞美；普通赞美不行，就试试特殊赞美。总之，把赞美说到对方的心坎里，才是成功。

拒绝"掉价"的赞美

对于人们来说，赞美是这个世上最动听的语言，甚至可以说是最伟大的语言。然而，日常生活中，我们也有这样的经验：再好吃的食物，吃多了也会觉得寡淡；再有趣的事，做多了也会觉得无聊。同样，赞美的话即便再动听，如果毫无节制地使用，也会让人觉得无味，没有意义。

小朱从小就是出了名的甜嘴巴，经常几句话就夸得人满脸喜色。工作后，她将这种特长运用起来，虽说没有起到想象中的效果，但也让她能与同事融洽相处。

这回，老板带着她出差，双方的代表在酒店的大堂会面。见面后，双方先礼节性地握了手，随后，小朱就夸起对方那位西装革履的代表："翟老板吧？一看您就是气宇轩昂，身材保养得真好，穿衣打扮也很有品位，怪不得您的企业这么成功，从这些细节就能看出您的成功

之道……"

她一大串的话说完后，对方才尴尬地指着自己后面那位大腹便便、衣着朴素、被小朱误认为司机的男子说："这才是我们翟总，我是他的秘书。"

小朱心中暗暗叫苦，她知道，这一次谈判，她是发挥不了作用了。

赞美，可以温暖他人心灵，可以润滑人际关系。应该赞美的时候，不可吝啬，应该尽情地赞美。但是，温暖多了，他人会怀疑你的意图；润滑多了，对方会觉得你太油滑，以至令你的赞美不再动听，不再珍贵，不再能引起他人心中的波澜。

那么，在与人交际时，应该注意哪些方面，让自己的赞美很珍贵呢？

1.不要忙不迭地赞美

很多人在与他人初次见面或是尚不熟识时，就开始忙不迭地赞美。这样的赞美不仅缺乏诚意，让他人难以受用，更会降低自己在他人心中的分量。赞美他人，要建立在自己对他人有一定了解的基础上，并且应该有一定的铺垫。例如，面对一位事业有成的人，上来就说"久闻大名、如雷贯耳"，效果肯定比"听说您是××公司的董事长，贵公司是业界的榜样，您的才干也让我仰慕已久"要逊色得多。

2.不要舍大求小地赞美

在一些众人参与的场合，赞美他人时不要过于突出某一个人或几个人而忽略了其他的大部分人。在人多的场合，面对他人单独提出的褒扬，大部分人或许会志得意满，但不可否认还是存在一些会因此而尴尬、不习惯的人。此外，即便这种赞扬令小部分人很是受用，但同时也

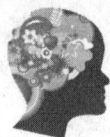

得罪了一大部分被"间接贬低"的人，这无疑是一种得不偿失的做法。

3.不要一个劲儿地赞美

在赞美他人时，切忌轻易、频繁、长时间地发表溢美之词。即便是在一些喜庆气氛浓烈的场合，长篇大论的赞美，也许会让当事人喜上眉梢，但很容易让旁人觉得你有溜须拍马之嫌。轻易、频繁地赞美他人，或许会让有些人认为你"会说话""嘴巴甜"，但更多时候会让人们认为你的赞美并不那么"值钱"。真诚的赞美，应该发生在他人有了杰出的表现或突出的成绩之后，而不是围绕着衣食住行、柴米油盐酱醋茶等琐事不停地出现。

赞美要恰到好处

前文说过，每个人都希望得到别人的赞美，也喜欢听别人说赞美的话。这是人之常情，原本无可厚非。通常情况下，人们一旦得到赞美，就会产生自信心，也会对他人更加宽容友好。也正因为如此，很多聪明的人在与他人交流的过程中，总是会毫不吝啬地赞美他人，以这样的方式与他人拉近关系，建立友好往来。不得不说，赞美是人际交往的润滑剂，能够帮助我们改善人际关系，收获好人缘。

然而，凡事皆有度，物极必反。赞美，亦是如此。当你的赞美过于慷慨，甚至有泛滥的嫌疑，它就失去了原本的效果，产生相反的作用。

很多人为了赞美他人，不但挖空心思，而且随便什么都能拿来赞美，有的时候甚至有睁着眼睛说瞎话的嫌疑，这样的赞美让人很尴尬。因为严重地不符合实情，甚至还有可能让人误以为你是在挖苦讽刺，正话反说。由此想来，过度赞美的反作用是非常强大的，我们必须谨慎地控制赞美的力度和频率，才能使其发挥最佳效果。

周末，妞妞和朵朵一起去商场里闲逛。妞妞想买套护肤品，因而在化妆品专柜前流连忘返。看到妞妞的样子，机灵的导购员赶紧走过来，问："小姐，请问您有什么需要？"妞妞指着专柜里的一款护肤品，说："我想看看这款护肤品。"导购员从柜台里拿出护肤品的样品，开始向妞妞介绍。当她说到这款护肤品有很好的美白效果时，妞妞不好意思地说："我这么黑，从小家里人就叫我小黑妞，就算用了美白产品，估计也是白费吧！其实，我更想买补水保湿的，让皮肤感觉更舒服些。"

妞妞的话音刚落，导购员小姐就赶紧说："不啊，您的皮肤不黑，相反还很白呢！我们这款产品主要是提亮肤色的，如果您使用的话，皮肤一定会变得白里透红，又白又亮！"听着导购员夸张的赞美，再看看镜子里自己黝黑的脸，妞妞吐了吐舌头，说："我想，你对于黑白的标准可能与常人不同。我还是再看看吧，我只想要一款适合我的肤质且能满足我的需求的护肤品。我还是学生呢，白不白对我并不重要，我只是从湿润的南方来到干燥的北京，暂时有些不适应而已。"

因为导购员睁着眼睛说瞎话，赞美妞妞皮肤白皙，使得深有自知之明的妞妞对其失去了信任。说妞妞不黑还好，但是说妞妞很白，这就是赤裸裸的阿谀奉承了。妞妞只想找到适合自己的护肤品，并不想听到这

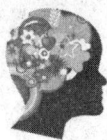

些毫无意义的奉承话。为此，她决定再换个柜台，找个更加尊重事实的导购员。

从这个案例我们不难看出，赞美必须以事实作为基础，千万不要虚伪。每个人都不是傻子，而且对于自己的优点和短处都是心知肚明的。与其冒着被误解为挖苦讽刺的风险，虚伪地奉承，不如坦坦荡荡地说些实实在在的话。对于一个皮肤黝黑的人而言，你完全没有必要夸赞她很白，你可以说她身材好，或者说她气质出众，甚至还可以夸她当日的服装很有民族特色。总而言之，就是不要睁着眼睛说瞎话，让对方认为你急功近利。

心理学专家认为，大多数人的心理都符合晕轮效应，即只要觉得一个人好，就会看他任何地方都很顺眼。与此相反，如果觉得一个人不好，也就会看他哪里都不顺眼。在这种情况下，我们一定要谨慎地赞美他人，千万不要因为赞美得不得当而得罪他人，反而给他人留下恶劣印象，那就得不偿失了。

将赞美之词说得与众不同

心理学家认为："人类本质中最殷切的需求是渴望被肯定。"在生活中，被人赞美是一件令人喜悦的事情。恰如其分的赞美，能使人感受到人际间的理解和温馨，能够打动他人，有效地增进赞美者与被赞美者

之间的心灵交流。一个人若是学会了赞美，往往使他能够受益无穷。在日常交际中，我们经常感受到赞美的魔力，不仅能打动他人，也使自己获得了友情和帮助。人总是对自己最感兴趣，认为自己最重要，希望被人赞美，那么，在与他人交往的过程中，我们应该遵循一个原则：尊重他人，肯定他人，并真诚地赞美他人。不过，就赞美而言，也是需要一定的技巧的。我们对他人的赞美不能太笼统，而是需要针对性。

在生活中，我们经常听到"你这个人真是太好了"，虽然，这听上去就是一句赞美的话语，但是，具体好在哪里呢？赞美者却没能说清楚，给人一种虚假的赞美的感觉。如此的赞美，不仅不能打动人心，反而令人生厌。因此，在赞美他人的同时，我们需要有针对性地赞美，比如，对男人你可以夸他帅气，对漂亮的女人你可以赞美她的打扮，对一个母亲你可以赞美她的孩子可爱，对上司你可以夸奖他的领导力。

那么，如何能做到有针对性地赞美呢？

1.赞美对方的某个动作或行为

在生活中，泛泛的赞美很快就让我们词穷了，除了真好、真棒、你是最棒的，超不过10个词，然后就没什么可说的了。对于不同场合来说，怎么才能做到有针对性地赞美他人呢？其实，如果你见到一个人，不说对方漂亮，而是说"今天的发型让你神采奕奕"，这样，对方是不是会更高兴呢？因此，那些空泛的赞美不如说出最让你满意的某个动作或者行为。

2.针对不同类型的人

在赞美他人的时候，我们还需要针对不同类型的人给出恰当的赞美。比如，见到一个孩子，你不能说潇洒，而是聪明、可爱、懂事；见

到漂亮的女人，就应该赞美其漂亮；见到男人就应该赞美其潇洒帅气。如果你对他们没有针对性的赞美，对方定会觉得你是虚情假意，又怎会被你打动呢？

真情流露，坦诚相对

我们知道，爱听赞美之言是人类的共性，上到白发苍苍的老人，下到牙牙学语的孩子，都拒绝不了别人的赞美。被赞美，是一种自我价值的认定，也是自尊心和荣誉感的满足。有位企业家说过："人都是活在掌声中的，当部属被上司肯定，他才会更加卖力地工作。"同样，我们与人交际，嘴甜一点，把赞美、恭维人的话说到对方心里去，会让他人喜欢与我们相处。

虽然人都喜欢听赞美的话，但并非任何赞美都能使对方高兴。能引起对方好感的只能是那些真情流露的赞美，相反，你若有违内心、无根无据、虚情假意地赞美别人，他不仅会感到莫名其妙，更会觉得你油嘴滑舌、诡诈虚伪。例如，当你见到一位体态臃肿的小姐，却偏要对她说："你的身材真好。"对方立刻就会认定你所说的是虚伪之至的违心之言。但如果你对她说："你的皮肤弹性真好，在哪里做的美容？"她一定会高兴地接受。

可见，赞美的一大技巧是，我们要善于发现他人身上的可赞美之

处，并坦诚说明自己的美好感受，这样的赞美才是真情流露，才能愉悦他人的心情。

有一个女孩去参加魔术表演，其间，她无意间碰到了裁判老师，就在擦肩而过的一瞬间，她突然转身说了一声"老师，你的裙子很好看"。老师先是一愣，很快，高兴地说："真的吗？这是我从北京买回来的，平日里很少穿的。"这天下午，比赛结束了，有两个魔术表演都非常的不错，难分好坏，其中就有那个打招呼的女孩子。裁判们在左右为难的时候，有老师点了女孩的名，说："我觉得她的表演更胜一筹，表情比较丰富。"就这样，女孩在真诚地表达赞美之后，赢得了老师的好感。

可见，在赞美他人的时候，我们最重要的是表达自己的真诚，这样才能赢得他人的好感。要知道，你用什么样的心态对待别人，别人就用什么样的心态对待你。无论是赞美熟人还是陌生人，真诚都是第一条原则。虚伪和做作是苍白无力的，唯有真诚地赞美才会春风拂面。虚情假意的赞美，往往被人认为是讽刺挖苦或者是溜须拍马，会让人感到恶心，被他人鄙视。

可见，无论我们学习到了多么高超的赞美技巧，我们的语言依然要做到"从心出发""心诚则灵"。展现你最真实的看法，你赞美他人时就会态度自然、大方，你所说的话也就更有可信度。

那么，在赞美他人的过程中，我们该怎样做到真情流露呢？

1.先对被赞美者进行一番了解

要赞美他人，首先自己要做个有心人、细心人和热心人，了解被赞美对象的思想、生活、工作、学习情况，发现他们每一个细小的优点或

长处，只有这样，你所说的赞美的话才能说到点子上。例如，你才与对方结识，并不知道对方的情况，就对对方说："一看就知道你是个学习成绩很好的人。"而实际上，对方的成绩一直不理想，那么，你的赞美自然会被当成讽刺之语。

2.言辞表达一定要恳切一些

要想表达你的率真，最主要的还是在言辞上，要诚恳一些、热烈一些，用你内心迸发的热情来感染对方的情绪。比如，在赞美别人的优秀表现时，你要说："你真是太棒了！"在"太"上还要加重语气语调，让你浓浓的敬佩之情，通过你热烈的表达传递到对方的心里。

3.适当提及对方一些无伤大雅的不足或缺点

一味地赞美对方，只会陷入美言泛滥的境地，如果你也能偶尔提及一些无关紧要的缺点，你所说的赞美之言也就更可信。比如，你可以这样说："你虽然不是全班学习成绩最好的人，但绝对是最仗义、心地最好的人。"

我们可以总结出，赞扬的作用，就是把他人需要的荣誉感和成就感，拱手送到对方手里。当对方的行为得到你真心实意的赞许时，他获得了心理上的满足感后，也就会对你产生认同感。真诚的赞美来自内心深处，是心灵的感应，是对被赞美者的羡慕和钦佩，是能使对方受到感染、发出共鸣的关键。总之，你需要记住的是，在表达赞美的时候，尽量表达得真诚一些，会为你赢得好感。

以面代点的赞美，让人如沐春风

中国有句老话说"士为知己者死，女为悦己者容"，意思是说男人愿意为了了解自己的人献出生命，而女人会为了欣赏自己的人而开心打扮。这也正像美国著名女企业家玛丽·凯曾经说过的："世界上有两件东西比金钱和性更为人们所需要，那就是认可与赞美。"

赞美是一种语言艺术，它可以帮助我们赢得事业的成功和生活的幸福。赞美不仅能改善人际关系，也能影响一个人的精神面貌和情感状态。赞美是对他人的高度肯定，是使生活快乐美好的法宝。一个懂得赞美的人，不仅会得到别人的宽容和谅解，也会使自己的事业蒸蒸日上。

然而，真正有效的赞美是有新意的、与众不同的，很多时候，聪明的人都使用间接赞美的方法，前面我们已经分析过背后赞美和利用他人之口赞美的好处，这里，我们还要谈及另外一种——以面代点法。这种赞美方式也是不直接赞美对方，而是针对对方的优点，赞美其优点所在的层面。这样以面代点，言在彼而意在此，不露痕迹，却能让对方有如沐春风之感。

我们在运用以面代点式的赞美法时，首先，需要细心观察，找到对方的优点，看到对方什么地方值得你欣赏，值得你夸奖。其次，我们要运用语言的艺术，将对方的优点放大到面的层次，当然，这并不是夸大其词，使对方觉得你的赞美之词毫无真实性可言。也就是说，即便是放大对方的优点，也要有理有据，语气自然坦诚。

总之，人人都需要赞扬，很多时候，间接赞扬比直接赞扬更有

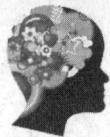

效。而如果我们能学会以面代点地赞美他人，那么可以说，你就掌握了让对方快乐的法术，你就是大家所需要的人，同时，你也有了自己的价值！

第 06 章

言辞有方，拒绝有道，顾
他人脸面，给自己留后路

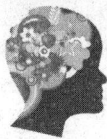

委婉拒绝好相见

很多时候，我们无法轻易拒绝他人，往往是因为不忍心拒绝、不善于拒绝。我们不愿看到满怀着希望向我们提出请求的人失望而去，我们不知道怎样表达出自己的意愿才能让对方真切地体会到我们的难处，才能让双方不至于因为这次拒绝而不欢而散。其实，拒绝他人可以有很多种方式，为对方留住体面，为自己留下余地。

这天，大雷主动邀亮子下班后去小酌两杯。亮子还很纳闷，从不肯交际应酬、主动请客的大雷，今天怎么像变了个人似的。

酒桌上，两人碰了四五次杯后，亮子才从大雷吞吞吐吐的话语中听出他的意思：借钱。原来，大雷背着老婆，用准备换房子的钱炒股，结果赔得一塌糊涂。眼见着下周末就要去交首付了，大雷怕老婆发现钱少了跟他闹，所以想找亮子借些钱应急。

虽说两人平日里交情并不深厚，但亮子是个热心肠的人，身边的朋友同事有需要他帮忙的地方，他只要帮得上，就不会袖手旁观。可今天的亮子虽然有心帮大雷一把，却有口难言：原来，他今天早上才知道，老婆没和他商量，就把家里所有的存款提了出来，让小舅子拿去换新

车。他有心把实情告诉大雷，却又怕大雷不相信有这么巧的事，反倒认为他故意找借口搪塞。况且，他的小舅子经常开着之前那辆高级跑车来他们单位门口招摇，谁都很难相信他又要换车了。于是，亮子只能打着哈哈，又跟大雷喝了几杯酒。

直到一瓶酒见底，亮子也没有接过大雷的话茬，只是偶尔点评两句酒菜。大雷见亮子没有表示，只是不时抬起手腕看看手表，他也明白了亮子的意思，便说："我也是心里不痛快，才找你喝点酒，聊会儿天。现在也不早了，咱们回吧。"

避开对方殷切的目光，拒绝让自己为难的请求，对于内心柔软、热情善良的人来说，从来不是一件容易的事。然而，只要方式得当，态度得体，拒绝他人也不是一件难事。面对自己无法应承的要求，我们无须直截了当地回答"不"，大可以运用各种委婉的暗示，让对方明白你的意思，主动放弃。

那么，在拒绝他人时，可以采用哪些委婉的方式来暗示对方呢？下面简单介绍几种。

1.沉默是金

面对他人的请求，我们无法答应又不愿直接拒绝时，先不要急着开口说话，不妨以沉默来表明自己爱莫能助、无力应承。当我们默不作声的状态维持一段时间后，对方大多数情况下都能明白我们的态度。而沉默的应答，也给双方都留下了退路，让求助者不至于直面被拒绝的尴尬，也让我们无须为难地开口。如今，很多用人单位在招聘时，也会采取这样的方式，来婉拒没有达标的应聘者。应聘者在一段时间内没有收到答复，便心领神会。这样的方式，也免去了双方再次面对面讨论这并

不愉快的话题的必要。

2.含糊其词

用含糊不清的言辞表明自己的态度，也是委婉拒绝他人时常用的方式。从你口中说出的话模模糊糊，但让对方听出的意思清清楚楚，是这种方式的关键所在。例如，某位编辑在退还某作者的稿子时表示"这种风格并不是很适合当今的市场，要不您再琢磨琢磨"。"风格"是一个很难量化的标准，而作者该怎么"琢磨"，这是无法具体言明的。编辑并没有直言作品不行或是不好，而是以一个模糊的，甚至有些"主观"的概念，向作者表达了拒绝的意思。

3.运用肢体语言

我们在表达自己的意图时，多会采用有声语言，直接、明了地传情达意。而有些时候，无声语言更能帮助我们倾诉心声、化解难题。尤其在无法直接开口拒绝他人时，许多肢体语言，更是我们不可或缺的法宝。例如，不想再与某人继续交流时，我们常常会不停地抬起手腕看表，以示自己时间紧促，还有别的工作；想表现出自己疲惫的状态，我们可以揉眼睛、转动脖子、揉太阳穴等。肢体语言配合沉默的状态或模糊的言辞，都能让我们的拒绝更加委婉，也更加容易实现目标。

学会用第三人之口拒绝对方

当我们无法直接开口拒绝别人，却又不知该如何婉转相拒时，不妨试着找出一块挡箭牌，借第三方的口，堵死求助者的心。由于第三方介入，因此从形式上来看，我们的拒绝并非出自本意，而是"不得已而为之"。而借助第三方拒绝他人时，第三方往往不在现场，因此也会令求助者自觉无损颜面，不至于尴尬太过。

在《红楼梦》第三回中，林黛玉抛父进京都，来到了贾府。在荣国府中，见过贾母等人后，便前去拜见两个舅舅。在大舅舅贾赦处，舅母邢夫人"苦留吃过晚饭去"，黛玉笑着答道："舅母爱惜赐饭，原不应辞，只是还要过去拜见二舅舅，恐领了赐去不恭，异日再领，未为不可。望舅母容谅。"邢夫人听说，笑道："这倒是了。"遂令两三个嬷嬷用方才的车好生送了姑娘过去，于是黛玉告辞。

黛玉这一番拒绝十分得体，她没有直接回绝邢夫人的邀请，而是以要见二舅舅为名，谢绝了舅母的赐饭，既表现出对邢夫人的感激和尊敬，又体现了自己懂礼知节的风范。邢夫人非但不恼，反而更加欣赏这个外甥女。黛玉一进贾府便"步步留心，时时在意"，唯恐做了什么错事遭人耻笑。从这一处小细节上，我们便看出了黛玉处处留心、时时留意的状态。

拉人挡箭，是一种十分机智的拒绝方式。第三方的观点、第三方的"证词"、第三方的规定、第三方的身份……都可以成为我们拒绝他人的理由。被抬出的第三方，往往是求助者应当尊重的、需要顾及的。因

此，一旦我们请出挡箭牌，求助者通常便不再勉强。如此一来，我们借助他人的口，不仅推卸了自己的责任，也在对方无法反驳的同时，成功地让自己金蝉脱壳。

那么，哪些人适合成为我们的挡箭牌，做我们拒绝他人的理由呢？

1.公司、单位

公司的规则、单位的章程，往往可以成为我们拒绝他人的绝佳武器。公司（或单位）代表的是一个集体，公司的规则代表了集体的利益和规范，在某个范围内具有一种公共的约束力。当以公司的名义拒绝他人时，我们代表的不是个人，而是集体；表达的也不是个人态度，而是一种集体的意愿。例如，"对不起，不是我不愿给你报销，而是销售科这个月的应酬费用已经超出了公司的新规定。"或是"亲爱的，你的工作问题我也在想办法帮你解决，可是如果你想进我们公司的话，公司规定同事之间不许谈恋爱，你能接受吗？"这样一来，我们既表示了拒绝对方并非自己所愿的态度，也让对方无法再纠缠下去。

2.长辈、领导

借助长辈或领导的名义拒绝他人，不仅体现了我们尊老敬上、循规蹈矩，也能让我们在拒绝同辈或同级时一招致胜，免去许多不必要的麻烦和尴尬。例如，"陈总特意在公司会议上嘱咐你写这篇稿子，你非要我帮你写。我的文笔风格陈总再熟悉不过了，被他发现了，我们都跑不掉啊！"或者"亲爱的，我也想多陪你一会儿。可是已经很晚了，爸爸最讨厌我晚归了。你一定不忍心让我被他骂吧！"对于每一个人来说，长辈、领导都象征着权力、威严，他们高高在上，令人不敢忤逆。我们只要搬出他们做挡箭牌，相信被拒者也能体谅到你的苦衷。

3.爱人

当自己的爱人与自己不处于相同的社交圈时，我们在拒绝他人的请求时，完全可以将爱人拖来为自己挡箭。例如，"真不好意思，家里的车钥匙不归我管。我老公那人，爱车如命，比在乎我还在乎车，为了这个我们没少吵架。恐怕我没法答应借你车了。"或者"借钱这事，我真得和男朋友商量下。我这人花钱没数，没什么积蓄，存折上的钱基本上都是他赚的。"俗话说"疏不间亲"，在人们心中，每个人最亲密、最贴心的人就是伴侣，谁也不愿自己的请求破坏某人与伴侣之间的感情。因此，当我们以爱人为借口拒绝他人时，对方往往会默然接受这样的结果。此外，因为爱人与对方并不处于一个社交圈，因此这样的拒绝也不会引起对方太多的抱怨。

4.朋友、同事

从亲密度、权威度来说，朋友或同事并不适合直接成为我们拒绝他人的借口，但是我们可以用朋友或同事来"作证"，证明自己所言非虚，拒绝并非有意。例如，"今晚不行，小倩早就和我约好要去逛商场。"或者"你问丽丽，从小我数学就没及格过，帮你做账本这事我真没办法答应。"这样，借助朋友或同事的口来坐实你的那些理由，言之凿凿之余让对方无法再坚持下去，也难以埋怨你。

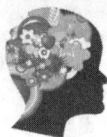

含糊其词，避免针锋相对

生活中某些特殊的情况下，我们虽然心中坦荡，却无法直言相告。既然精确的回答不适合这些情况，那么我们就只能选择含糊其词了。也许有人会说，逃避不能解决问题。其实生活中的很多事情都不是非黑即白的，我们只有采取灵活的方式巧妙回答，才能避开他人的锋芒，避免争吵，从而使事情和平得到解决。

和确凿无疑的回答相比，含糊其词显然更具有弹性。这样一来，在面对他人的质疑时，我们就有了更大的回旋余地，可以根据事情的发展情势，及时地做出调整和反应。这样一来，既可以说是，也可以说否，我们也就有了更大的主动权，从而避免了在一开始就因为把话说得太绝对而出师不利。

有一天，作为百兽之王的狮子生病了。他躺在山洞里饿得肚子咕咕叫，因而就让它的军师狐狸去召集百兽来看他。所谓病死的骆驼比马大，虽然狮子生病了，但是威严依然存在，很多小动物都胆战心惊地才敢靠近狮子，说话时也吓得瑟瑟发抖。其实，狮子是有私心的，它想趁着大家来看他的机会，伺机吃掉几只小动物，以帮助自己恢复体力。不过，军师狐狸并不知道狮子的如意算盘，因而很快就把小动物们带到了狮子的山洞前。

最先进去的是斑马。斑马非常憨厚诚实，从来不会撒谎。听到狮子问："森林里谁是无人能敌的百兽之王？"斑马想了想，老老实实地回答："在大王没有生病之前，当然是您无人能敌。不过现在您生病了，

老虎应该是最强壮的。"狮子愤怒地喊道："你这个家伙，居然敢藐视我，我一定要把你吃掉！"狮子猛地扑上去，咬断了斑马的喉咙。下一个进入山洞的，是机灵的豹子。看到狮子病病恹恹的样子，豹子知道如果如实回答，一定会失去性命。因而，他满脸堆笑地说："大王，虽然你现在身体有恙，但是这个森林里依然无人敢与您抗衡。您当然还是大王啊，我们都很敬仰您！"看到豹子眼睛里泛出狡黠的光芒，狮子当然不相信豹子说的是真心话，因而也把豹子咬死了，拖到洞穴深处留着当养病的口粮。

第三个进来的是梅花鹿。看到狮子依然威风凛凛的样子，梅花鹿知道要想保住性命，必须做好打算。因而，面对狮子的提问，远远站着的它思来想去，眉头紧蹙，最终说："大王，我最近患了重感冒，头疼欲裂，实在无法思考。我想，我还是等过几天感冒好了再来看望您吧，不然，我很怕把感冒传染给您，那您病体初愈，可就又得遭罪了。"听到梅花鹿这么说，再加上梅花鹿的确不在他的攻击范围之内，因而狮子只得放过梅花鹿。

在这个故事中，斑马因为太过实在地回答问题，被狮子咬死了。豹子呢，因为心思过于活泛，拍马溜须的行为太明显，因而也没有保全性命。只有梅花鹿，在见势不妙之后就与狮子保持适度的距离，而且含糊其词，以怕传染狮子感冒为由，逃过了一劫。虽然这只是一则寓言故事，却给我们揭示了深刻的道理：生活中，不管什么情况下，我们都无须把话说得太死太满太绝对，否则一定会因为无法回旋，而把自己逼入尴尬的境地，甚至惹祸上身。

生活中，对于一些不适合直言的问题，采取含糊其词的方法巧妙

回避，无疑是非常好的方式。这样能够避开他人的锋芒，躲避问题的本质，也能拖延回答问题的时间，给自己争取更长的时间进行审慎的思考。还有很多情况下，当对方听到你含糊其词的回答，也许就明白了你的心意，不会继续逼迫你回答问题了。可以说，"弹性"才能给予我们更大的空间，让我们在需要的情况下适当回旋。

以和为贵，保全双方面子

在日常生活中，我们都不可避免地遇到需要拒绝的人或事，面对别人提出的不合理、不合适的要求或者自己不愿意去做的事情，我们需要大声说"不"，不要认为自己就应该是受欺负的，不要以为自己总是要对别人言听计从的。虽然，拒绝是必然的，但拒绝的方式却是需要考量的，直接的拒绝将意味着对他人意愿或行为的一种否定，无形中会打击到对方的自信心，甚至伤害对方的自尊心。那么，如何能够既保全双方的面子，又巧妙地达到拒绝的目的呢？

在拒绝的时候，我们需要考虑到对方的面子，而幽默地拒绝恰好可以巧妙地体现这一点。用幽默的方式来拒绝对方，让对方在毫无准备的大笑中放弃。比如面对同事相约去钓鱼的要求，"妻管严"丈夫回答"其实我是个钓鱼迷，很想去的，可结婚以后，周末就经常被没收了"，同事哈哈大笑，也就不再勉强他了。

拒绝的话一向都不好说，说得不好很容易扫了对方面子，或者让自己陷入尴尬情境之中。所以，我们在拒绝他人时，需要讲究策略，最关键的一点就是用含蓄委婉的语言来传达拒绝的心理。

1.委婉暗示

有时候面对下属提出的建议，上司不忍拒绝，只好委婉地暗示"这个想法不错，只是目前条件还没有成熟，我觉得你应该把工作重心放在现阶段的工作上"。有时候，身边的同事或朋友可能会向你打听一些绝密的事情，但原则问题要求你保密。这时候，你不妨采用诱导性暗示，诱导对方自我否定。比如，你可以对他说："你能保密吗？"对方肯定回答："能。"然后你再说："你能，我也能。"

2.借助他人之口

如果自己不知道该如何拒绝，你可以借助他人之口把拒绝的暗示语说出口。比如利用公司或者上司的名义进行拒绝，"前几天董事长刚宣布过，不准任何顾客进仓库，我怎么能带你去呢？"或者说"这件事我做不了主，我会把你的要求向领导反映一下，好吗？"

我们可以通过暗示来向对方说"不"，这样既能达到巧妙拒绝的目的，又不至于让对方心里产生不快的情绪，这才是最高明的拒绝。在某些时候，我们不得不说"不"，当然，拒绝并不是以伤害他人为目的，而是以和为贵，尽量在保全双方面子的前提之下进行的。

在谈笑间拒绝别人

一直以来，拒绝都是一件容易得罪人的事，我们可以想象，当对方满怀期待地请求你的帮助，却被一个冰冷的"不"字硬生生地挡了回来，这是多么令人沮丧和受伤的事啊。不过，如果我们能讲究策略，巧妙地利用幽默的口才，能让对方在欢笑中接受你的拒绝，那么这也是一个不错的收场。

幽默是智慧的象征，它能让人感到快乐，而快乐的气氛是超强的润滑剂，对沟通来说至关重要。因此如果我们能够充分发挥幽默感，在谈笑之间对别人说"不"，不仅气氛轻松，也能顺利达到拒绝的目的，这对双方来说，都是最好的结果。

丽丽是一个十分漂亮的姑娘，无论她出现在哪里都会收获别人赞赏的目光。一天，她正在一个优雅、浪漫的餐厅用餐，一位帅哥走上前来，礼貌地问道，"你好小姐，这个位子有人吗？""抱歉，我想一个人用餐。"丽丽礼貌地拒绝了，对方没想到她会拒绝，一时间愣在当场，双方都感到十分尴尬。

在这种情况下，丽丽完全可以换一种说法，既拒绝了对方，又不使双方这么尴尬。

丽丽看向那个帅哥，微笑着说道，"这个位子没有人，不仅如此，当你坐下来时，我这个位子也将会变成空的了。"

对于人们来说，拒绝是一门高深的学问，它能体现出一个人的品德、修养。用幽默来拒绝，可以使对方感受到你的善意和真诚，也能愉

快地接受你的拒绝。希望每一个人都能够学会幽默，运用幽默，那么我们的生活将会少一些被拒绝的尴尬，而多一些欢乐。

别因拒绝而自断后路

如果你由于某些原因不得不拒绝对方，那对方下次还会向你寻求帮助吗？答案必然是否定的，因为他们已经在心里形成了你不愿意接受他们请求的印象。尽管当时你或许真的有事，可是他们并不明了。换句话说，你的一次拒绝，其效果将会一直延续相当长的时间。如果你不对这次拒绝做出合理的解释，也就意味着你失去了下一次帮助对方的机会，同时也意味着我们从另外一个方面阻断了一条人际交往的道路。

小旭是一位十分努力工作的员工，最近她凭借自己的努力获得了公司外派进修的名额。消息出来后，部门经理决定请全体员工吃饭庆祝，作为核心人物，小旭第一个收到了经理的邀请。但不巧的是，小旭当晚已经有了一个很重要的约会，面对经理热情的邀请，她觉得马上拒绝会很扫兴，于是她含糊地告诉经理下班再回复他。

经理还以为小旭不好意思直接答应，便高高兴兴地安排起了晚上的聚会，等到一切都安排妥当时，小旭却突然告诉经理自己晚上有约，不能参加聚会。这迟来的拒绝让经理一时反应不过来，为了表示对小旭进修的重视，公司的几个高层领导已经答应参加聚会，小旭若不参加，这

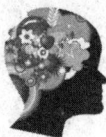

个聚会便失去了原本的意义。

经理的邀约，小旭完全可以大大方方地拒绝，同时告诉对方自己很高兴参加这个聚会，只是事先有了别的安排所以无法出席，下次举办活动自己一定到场。如此一来，既解决了这次难题，又为下次接受邀约做好了铺垫，就不会因为这一次的拒绝，使自己陷入尴尬的局面。

上司突然交给王文一件十分紧急的工作，要求王文两天后就要出方案，但此时正值王文负责的另一项目的重要时期。出于全面的考量，他觉得自己无法同时完成两件重要案子，但他又不愿因为这一次的拒绝，被上司认为是逃避工作而遭受冷落。

王文这次的拒绝只是一个特例，并不是对上司所有指派工作的拒绝，那么他该如何说才能让上司理解他，并不影响之后的职场发展呢？

第一步：告诉对方，你是可以完成这个工作的。

王文："其实这个项目交给我是没有问题的，上次上海的项目就是我处理的，获得了很好的效果。"

第二步：告诉对方，你做好工作的原因。

王文："您也知道，上海的项目之所以取得成功，是因为我一直在与他们接洽，同时我对他们的背景、运营、理念都十分了解，所以才顺利完成工作。"

第三步：告诉对方，你不得不拒绝的原因。

王文："但这次的工作我恐怕不能接手，因为我对这次的合作公司了解太少，按照现在的资料和时间进度来讲，我必须花费大量的时间去从头调查才能保证项目的顺利。不过您放心，如果下次我能从头参与一个新项目，我一定会处理得比上海那个项目更好。"

第四步：告诉对方，解决问题的建议。

王文："您来找我，无非是为了解决这个方案的问题，据我所知，市场部的明宇一直都在参与这个项目，虽然他还没有独立执行方案的经历，但他的领悟力很高，我在一旁协助他，相信一定能完满地解决这个案子。"

遇到问题，上司主动找到王文，无非是为了解决难题。王文虽然拒绝了上司，但他话里话外表露出来的意思是"我本愿意接受，但客观条件不允许"，不仅如此，他还给上司提出了更好的建议，这会增加上司对他的好感和信任度，下次有了事情，上司依然会想到他，这才是高明的拒绝法。

高明的拒绝，应该是对事不对人，如果我们碰巧好几次都是因为条件不允许而拒绝了他人，却不告诉对方我们拒绝的时效性，那么很可能会让对方误会你的拒绝是针对他个人，从而造成了双方的嫌隙和疏远。若这种疏远来自职场和领导，则可能造成更大的麻烦。

所以若你某次拒绝对方仅仅是由于自己的客观原因，并不是针对他人，那么你一定要在拒绝的时候告诉对方，"真抱歉这次由于我的原因不能接受你的请求，但下一次我一定尽全力帮助你"。

第 07 章

因势利导，明确话题，保
持操守底线不灭权威

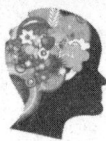

巧借东风，让说服更轻松

日常生活中，我们经常看到这样的现象：相对于同学或自己，学生更倾向于相信老师和书本；电视网络广告中，那些产品代言人，不是知名人士，就是权威代表；与人争论，为了证明自己论点的正确性，习惯搬出名人或权威的话来佐证；对于那些已经公认的"定律"或"真理"，几乎没有人再去尝试推翻或是探究别的观点……种种现象，都是"权威效应"在发挥作用。

麦哲伦环球航行这一壮举，不仅在世界航海史上添了浓墨重彩的一笔，更是对人类的发展史有着不可磨灭的功勋。我们都知道，在起初，麦哲伦是向葡萄牙国王提出申请的，他希望得到王室的支持，在开辟新航路的同时完成环球航行，以此来证明地球是圆的。然而，葡萄牙国王对于眼前的现状已经十分满意，因此拒绝了麦哲伦。无奈之下，麦哲伦只有离开葡萄牙，来到西班牙。

当时，因为哥伦布的成功先例，许多骗子找到了发家致富的技巧。他们打着航海的旗号，从王室手中骗得钱财后就逃之夭夭。因此，虽然西班牙看着肥得流油的葡萄牙眼红不已，也十分渴望通过开辟新航路走

上强国之路，但王室对于那些所谓的航海家，仍旧持怀疑态度。

对此，麦哲伦胸有成竹。在国王召见他时，他拿出的他的"法宝"。原来，在觐见国王之前，他找到了当时久负盛名的地理学家路易·帕雷伊洛，请他同自己一道去说服国王。帕雷伊洛在学术上的造诣，在学术界的威名，令王室和民众都尊重他、信任他。当他来到国王面前以后，他慷慨陈词，告诉人们必须支持麦哲伦的环球航行，并且，他们会因此而收获巨大的利益。国王一面啧啧称奇，一面下定决心，对麦哲伦的航海计划给予了大力的支持。

然而，当麦哲伦的船队终于历尽艰险完成环球航行回到西班牙后，人们才惊讶地发现，根据船队的考察记录，帕雷伊洛，这位知名的地理学家，对于世界地理的某些理论和认识，是不全面的，有些观点甚至是错误的。但是，这又有什么关系呢？麦哲伦借着他的权威效应，获得了支持，最终完成了航海计划，也为他带回了崭新的、正确的知识。

权威效应是一种普遍存在的心理现象，在它的影响下，人们十分尊敬地位高、有威信的人，这些权威人士的言论，能够获得人们相当的重视和信任。无独有偶，中国自古就有"人微言轻、人贵言重"之说，与权威效应可谓有着异曲同工之妙。南朝时期，文学理论家刘勰玩转了一把权威效应，利用当时的大文学家沈约的高度评价，成功地令他的《文心雕龙》名声大噪，得以流芳千古。当今社会，灵动聪颖的人，你们在说服他人时，何不也学习刘勰，利用权威效应，来降低说服的难度呢？

那么，在运用权威效应说服他人时，应该注意哪些方面呢？

1.权威者须为对方认可

当今社会，随着公众知识水平的逐步提高与人们自我意识的逐渐增

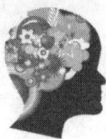

强，已很少有人再会对所有的专家、权威之言论照单全收，每个人都有自己的判断标准与认知倾向。因此，在运用权威效应时，我们切记要找准要害，准确搬出对方内心认同的权威，如此才能一击即中，事半功倍。

2.提论据切忌张冠李戴

在引用权威者的论点或观念时，一定要仔细查询资料，确保这些言论确实出自该权威之口，切忌张口就来，张冠李戴。如果你搬出的救兵是对方心目中的权威，很多时候，对方往往比你更熟知这个权威发表过的论点或坚持的观念。一旦你信誓旦旦的说辞被对方找出破绽，那么不仅对于此次说服行动来说是无功而为，还可能使得对方对你产生质疑。

3.有道理才是硬道理

用权威效应说服他人时，我们可能引用权威的言论，可能借用权威的身份，也可能通过权威的生平经历，来阐述我们所要表达的观点，试图让对方接受我们的道理。而无论我们借助权威的哪一方面，我们所引申出的道理，必须是实实在在的，是切中要害的；空泛虚幻的道理再广大，也没有劝服人的力量；无关痛痒的良言再诚恳，也难以让对方接受。

良言总比挖苦好

俗话说，"良言一句三冬暖，恶语伤人六月寒。"同样一个意思

的话，有人能说得人笑，有人却说得人跳。扪心自问，谁都愿意和会说话、善说话的人交流。尤其在说服他人时，软言善语，永远比饱含挖苦讽刺的言语更易获得成功。

这天，初三五班的班主任刘老师气冲冲地带着一个男生进了办公室。这时，负责五班语文教学的贾老师正在办公室中备课，见师生二人进来，便起身致意，并打算留出私人空间让两人谈话。

"不用！"刘老师伸手一拦，"也是你的学生，你也听听我们这张大为干的好事！"

贾老师尴尬地笑笑，坐下后，躲在自己的格间中继续备课。

"看看你那德性！"贾老师委实不想听这些，无奈刘老师的嗓门实在太大，字字都清楚地扎进她的耳朵里，"你才几岁？屁大的孩子，就当自己是老爷们儿了？学人家追女孩儿，还跟其他班的同学争风吃醋、打架斗殴！你真厉害啊！你也不看看自己长得那德性，三角眼蛤蟆嘴，人家女孩儿多想不开，能看上你？看上你三寸丁还是看上你成绩差？看上你没前途还是看上你爹没权没势？你打的那几个，一个是教导主任的外甥，一个是市里五星大酒店总经理家的公子，还有几个整天跟社会上的小混混称兄道弟。我问你，哪个你惹得起？早恋不说，还给自己惹一身麻烦，你脑子哪根筋搭错了？我平时是这么教你的？学校是这么管你的？"

见男生一直咬着牙不说话，刘老师也骂累了，就说："滚回去自己想清楚，今天为什么骂你。"

贾老师苦笑着摇了摇头，暗道自己的耳朵终于解脱了。

不料，几天后，刘老师又在办公室中唠叨起来："现在的孩子，太

不懂事了！那个张大为，我说完他后，他倒来劲了，一天三封情书往人女孩的桌子里塞，这是跟我叫板啊！不行，今晚得家访一趟。老师不能体罚学生，让他爹给他揍醒吧！"

贾老师犹豫一阵，开口道，"不如，让我试试劝他？青春期的孩子，这种事情如果家长处理不好，很容易给孩子心理造成伤害。"

刘老师抱着试试看的心态答应了，没想到，贾老师的劝解居然起到了立竿见影的效果。这天，他趁着办公室又只剩下他俩，赶忙向贾老师求教。

贾老师笑着说，"其实，我跟你说的意思差不多，只是换了种表达方式。我告诉他，他现在还在成长阶段，对于未来和人生并没有十足的掌控力。他成绩不好，家庭背景也不是很好，这就更需要他依靠自己的努力，为将来铺路。他很聪明，从情书中可以看出他的文笔很好，读过不少书，很有写作的天分。如果他愿意，以后可以考虑向这个方面发展。他个子不高，就更应该多锻炼，把写情书的时间用在打篮球上。他还小，有的是发育的时间。男生最重要的是才华，是事业。他完全有时间有能力改变他的人生，改变他的家庭状况。我还跟他说，你很关心他，只是脾气太急。为了不让学校处分得太重，你磨破了嘴皮，到处求人，才让他只是被记了个警告处分。这几天放学后，你还特意在后面悄悄跟着他，就是怕他被人报复。听了这些，他没说什么，脸红红的，跟我说了声谢谢就走了。刘老师，您啊，就是这样，一副热心肠，一张刀子嘴。很多时候，你改改脾气，事情早就办妥了。"

《圣经》箴言书中说："一句话说得合宜，就如金苹果在银网子里。"金苹果和银网子乃是相得益彰之意。可见，话说得好，说得得

体，不仅能说动他人，也会让自己受益。说服的最终目的是让他人接受我们的意见或建议，最终获得双赢甚至多赢的局面，我们不是为了踩在别人的头上凸显自己的伟大。既然如此，何不温柔一些，体贴一些，让人在被说服的同时，感受到你的春风化雨呢？

那么，具体我们该如何做呢？

1.牢记说服的目的

说服他人，是为了双赢，是为了彼此在将来的相处与合作中共同谋求最大程度的和谐与利益，而不是为了压制别人、击倒别人，不是为了逞一时口舌之快。尤其性格中含有争强好胜成分的人，在说服他人时，一定要牢记说服的目的，不可图一时之快，毁一事之功。

2.保持良好的耐心

说服他人时，无论对方是多么冥顽不灵，都要保持长久而高质的耐心。对于大部分人来说，尤其对于性格急躁的人来说，这像是一个难以完成的任务。但是，我们不妨试想，如果说服别人接受我们的观点那么容易，如果对方是那么容易妥协的人，世间又何来那么多的争端与矛盾，人们又哪有那么多的难题和障碍呢？正是因为不易，我们才要倾注更多心意。一旦确定了这座大山我们必须翻越，没有其他路途可走，那么，我们就要坚定不移地攀登上去。

3.时刻让对方看到你的诚意

人心换人心，伸手不打笑脸人。无论对方的心意是否在你的说服下渐渐转变，当他面对你始终如一的诚恳真挚的眼神和温暖和煦的微笑时，即便他在内心不断告诉自己要坚守阵地，他也不会在表面上对你敌视和排斥。真诚是消融一切坚冰的阳光，微笑是化解所有战争的神祗。

事实上。当他需要靠内心的"警告"来维护自己的坚持时，他的脚步，已经在向你靠近了。

委婉的劝服往往更奏效

当我们试图说服他人，希望他人按照我们的意愿行事时，可能采取很多方式，批评、教育、鼓动、讲解、引导……而无论采用哪种方式，我们都应尽量委婉一些、温和一些。过激的态度或言辞，很容易引起对方的排斥与反感，令我们难以得偿所愿。

刚升初二，亮亮的成绩就一落千丈。他的父母看在眼里，急在心头。这天，爸爸气冲冲地回来，对妈妈说，"我说这小子怎么了！幸亏我那个哥们儿建威也在他们学校工作。他今天给我打电话，说无意中发现那臭小子早恋了，让我好好管管。等他回来，看我不扒他一层皮！"

"跟你说过多少次，孩子大了，自尊心强，你这样动不动就体罚，不仅伤害孩子身心，还会加重他的逆反心理，更不容易听你的话。"

"你别管！"爸爸气得七窍生烟，"就是你惯的，把他惯成这样。我被我爹从小打到大，现在有什么身心问题？"

当晚，爸爸不顾妈妈的阻拦，将亮亮狠狠地打了一顿。然而，问题并没有解决。过了几天，亮亮的班主任打电话给亮亮妈妈，说亮亮公然在班级的后黑板上写情书给女孩。接下来，便是父子间的博弈。爸爸打

亮亮打得越狠，亮亮干的事就越出格，直至闹到了被学校记过的地步。

这天，妈妈趁着爸爸加班，在饭桌上和亮亮聊起天来。"都说现在女人顶了半边天，那照你看，男人对家庭还有责任吗？"

"当然有！"亮亮认真地说道，"赚钱养家，是男人的基本义务。女人能挣钱，那钱就该她们自己花。家都养不起，还叫个男人？"

"你呀，从小就是个男子汉，越大越懂事了。"妈妈点了点头，又说道："我跟你爸爸恋爱结婚的时候，两人都是初恋。那时候，他因为工作努力、业绩优秀，已经被升为科长了。我跟着他这些年，从没为生计操心过。我和你看上什么，你爸二话不说就给我们买，因为他有这个能力。你说，你爸爸这样的男人，是不是才能称得上男子汉？"

"妈妈，我知道你的意思了。"亮亮说了这一句，便沉默了。

强势的逼迫、粗暴的命令、阴险的威胁，种种非平等非正常的方式或许能收到一时的效果，却无法真正改变他人的意志，更无法从根本上解决问题。说服说服，在于"以言服人"，在于彻底打动对方的心。只要掌握技巧，春风化雨并非难事，婉转含蓄才能赢得人心。

那么，我们可以通过哪些方式，来达到委婉说服的目的呢？

1.让他先开口

想要说服他人，首先应明白对方心中的真正所想，因此，在说服之前，我们不妨先让对方开口，让他有一个倾吐心声、表达观点的机会。你的倾听不仅会令你更加了解对方、更加占据主动，而且能令其对你产生好感，从而更容易接受你的意见。若你并不清楚对方真实心意就不断地劝说，很容易造成对方反感，产生抗拒心理。如此一来，我们说再多的话，也只能是事与愿违。

2.让他感到不妙

当眼前的情况让一个人感受到压迫、不安时，危机感会促使他主动思变，寻求破解困局、改变形势的方法。因此，想让他人听从你的建议，你不妨适当地向他说明他目前所处的困境，他坚持不改可能会造成的后果。即便是那些匪石匪席的人，当他们做了选择后，心中依旧会有些许摇摆不定。世事无绝对，每一种选择都不会是完美的，都存在着各种可能到来的变数。人们心中的摇摆，正是源自这种变数，源自对于未知的局面的恐惧。我们在说服他人时，应当抓住这种摇摆，着重强调他的选择中潜在的危机，让其转而跟从你的选择。

3.让他认同你

面对他人的说服，人们往往怀有抗拒心理，无论他人说得多有道理，一旦意识到对方是在试图说服自己，便会立刻产生抵抗的情绪。这是一种本能，因为对于一个人来说，别人想要说服他，就等于与现行的他是对立的，与他们的思想相悖，与他们的行为相反，他们不是一路人，甚至有可能成为敌人。因此我们想要说服他人时，不妨先从其他的话题谈起，多去赞同对方的一些其他观念，让其产生你是"自己人"的印象。后期的说服工作，就会轻松很多。

4.让他听得舒服

在说服他人时，应灵活运用各种语言技巧，让自己的话更加生动，更加委婉，让对方听起来更易入耳，更易接受。例如，多用比喻，可以活跃严肃的气氛，让你所说的道理更加深入浅出；多用排比，可以增强你的气势，让对方更易折服等。对方只有先将你的话听进耳，才能存进脑，才能去思考，去选择。

以闲谈切入正题

　　请求他人帮助，如果关系足够亲密，可以直截了当，开门见山。如果关系不够亲密，最好还是不要直奔主题，这样会让对方感到没有心理缓冲的时间，因而从心里难以接受。就像是跳高运动员在起跳之前一定要有足够的助跑距离一样，我们在向他们提出请求时，也要进行适度的热身运动。举个最简单的例子，假如你与一个朋友很久没有见面了，彼此甚至感到有些生疏，你会和他提出请求吗？即使你真的提出了，也是个不情之请。因而，我们千万不要等到需要用到朋友时，才想起来和朋友联系，而应该在平常的日子里，就经常和朋友保持联络，维护感情。这只是预热的一部分。

　　真正提起请求帮助的话题时，应该由小及大，在心理学中，这叫作"等门槛效应"。简而言之，如果你一开口就要和朋友借款十万元，朋友很可能当机立断拒绝你。假如你能够先向朋友借款两万元，然后再借三万元，最后再借五万元，也许成功率就会高很多。从心理学的角度来说，在朋友答应借你两万元的时候，虽然金额不大，但是其已经从内心深处信任和接纳你了。因而，在你再次"得寸进尺"地提出借款三万元的请求时，朋友也许就不会特别抗拒。尤其是在又借了三万元给你的情况下，再借给你五万元，对他而言也就不再是他心中的坎了，你的请求也就更容易得到满足。

　　在请求得到他人帮助时，我们也可以采取这种"得寸进尺"的方式。当然，在提出请求之前别忘记闲谈。大多数人在闲谈的时候，心情

都是比较放松的，因而对他人没有那么戒备。虽然这些闲谈看似没有意义，但是却能够对人们的心理起到很大的影响作用，拉近你们彼此之间的距离，甚至把你们从生疏的人，变成熟悉的人。这种情况下，如果彼此之间相谈甚欢，那么当你提出小小的请求时，对方根本不好意思拒绝。

最近，美美要出差，她一个人在这个大城市生活，根本没有地方寄养她心爱的吉娃娃。思来想去，也只能寄养在平日里有着点头之交的邻居小敏家里了。小敏和美美一样，也是独自一人在大城市生活，没有合租的人，因而还算情况简单，只要她同意即可。

想到就做，美美马上牵着吉娃娃出去，等候在小敏回家的路上，装作偶遇的样子。果不其然，带着吉娃娃在楼下撒了一会儿欢，小敏远远地就踩着高跟鞋回来了。看到美美和吉娃娃，小敏走上前来，拿出一根玉米肠，给吉娃娃吃。美美赶紧问："小敏，你今天下班挺早的啊？"小敏回答："嗯，每天都差不多这个时候，今天没有特殊的工作要加班！"说着，小敏还摸了摸正在吃玉米肠的吉娃娃，美美见状赶紧说："小敏，你也喜欢小狗啊！"小敏点点头，说："嗯，其实我早就想要一只吉娃娃呢，它特别可爱，而且楚楚可怜的样子。只不过因为我经常出差，所以一直都没有养，怕不能好好照顾它。"小敏的话一下子说到了美美的心坎里，美美赶紧说："是的呢，就为了吉娃娃，我找工作时特意说明不能出差。但是很不巧，我这份工作都干了三年多了，偏偏明天要出差，我正发愁吉娃娃没有地方寄养呢！小敏，你这两三天会出差吗？"小敏摇摇头，说："应该不会，我们出差都会提前通知的。"美美为难地说："我能不能把吉娃娃寄养在你家里几天呢，它很乖的。如

果不行的话，我只能把它锁在家里了，我很担心它。""锁在家里，那多可怜啊！要是你放心的话，我就帮你养两天，不过我可从未养过，不知道能不能养好呢！"小敏有些不自信。听到这句话，美美高兴极了，说："你肯定能养的，只要给它准备好吃的喝的，早晨和傍晚各遛弯一次就行了。你放心，我会给你准备好所有的东西。"小敏笑着答应了。

在这个案例中，美美并没有直接和小敏说要寄养小狗的事情，而是选择了一个最随处可见的话题，提起小敏下班还挺早的。这样一来，她们就理所当然地搭上话了，经过愉快的聊天，再把话题引到吉娃娃身上，也就不显得突兀。在前面铺垫了小敏喜欢吉娃娃，甚至还早就想养吉娃娃的话题之后，美美自然而然地说出请求小敏帮助自己养吉娃娃的事情，小敏自然无法直接拒绝。尤其是美美说如果没有地方寄养，就把可怜的吉娃娃锁在家里，小敏更加动了恻隐之心。这就是美美的高明之处。

细心的人会发现，很多带着孩子的妈妈们，只要在公共场所遇到，几乎马上就会以孩子为话题谈得火热。同样的道理，很多喜欢小狗的人，只要在公共场所遇到，也马上会因为小狗变得亲近起来。这样心理上的亲近感，就是因为对同样的事情痴迷所引起的。也许有人会问，我应该怎么与人闲谈呢？其实，你准备求助的那个人与你一定不是完全陌生的关系，而且肯定是有了一定的交往之后，你才会想要求助于人的。在这种情况下，只要你用心，凭着对对方的了解，一定能够很快找到合适的话题，诸如服装、天气，或者是美食、交通，都可以拿来作为闲谈的话题。所谓世上无难事，只怕有心人。只要你是有心人，总能想出办法与他人搭讪攀谈，甚至在很短的时间内迅速熟悉起来。

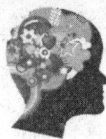

循循善诱，让对方紧跟节奏

常言道，一口吃不成个胖子。很多人在说服他人时，恨不得一下子就让对方接受他的观点，对他心悦诚服，这显然是不可能的。说服是一个循序渐进的过程，只有循循善诱，对方才能跟紧你的节奏，对你亦步亦趋。也只有这样，说服工作才能水到渠成，修成正果。

何为循循善诱呢？"循循善诱"出自《论语·子罕》"夫子循循然善诱人"。意思是指善于引导他人进行学习。说服的过程，对于说服者而言是引导的过程，对于说服对象而言何尝不是学习的过程呢？因此，说服者千万不要急躁，因为每个人的学习都需要一个理解和接受的过程，而说服者要做的，就是帮助说服对象更好地接受、理解和掌握。俗话说，江山易改，秉性难移。实际上，人际交往最难的就是说服他人。对于说服对象而言，最难的也是改变自己的想法和观点，接受他人的传授。只有给予双方足够的适应和交流时间，说服才会水到渠成。

这次公司准备派出五个人，去各个地方的分公司驻守，为期一年。对于这个苦差使，很多同事都避犹不及。为了提高分公司的销售额，领导思来想去，决定把马玉派到最远的甘肃。甘肃？这对于一直生活在大上海的马玉而言，简直觉得难以想象。在马玉的印象中，那里就是穷山恶水，物资匮乏，也没有任何娱乐活动的小地方。然而，尽管在忐忑不安中度过了一天，还是挡不住领导找马玉谈话。

看到马玉，领导首先笑眯眯地问："马玉，你来公司也有三年了，有没有想往上走一步呢？""原来不是要让我去甘肃，而是给我

提干？！"马玉沾沾自喜，连连点头："当然想往上走一步啦，当然想！"领导又说："你们这批一起进公司的年轻人中，我最看好你。你不但人踏实，工作也非常勤奋，能吃苦。我仔细观察了，这三年来，不管上级交给你什么任务，你都能完成得很好。我已经提议让上级给你提拔，但是他们说你需要更多的锻炼，你觉得呢？"马玉只能连连点头，说："放心吧，领导，只要您给我交代任务，我一定排除万难也要完成。这样才能对得起上级的信任。"这时，领导笑得更开心了，说："眼下就有一个很好的机会，如果你能顺利完成，公司上级一定会对你另眼相看。"马玉侧耳倾听，领导接着说："甘肃的市场份额一直不高，但是实际上那里是有着巨大潜力的。如果你能过去开拓市场，那么回来之后很可能凭着优秀的业绩，升任市场总监。要知道，最艰苦的地方才最历练人，也才能做出更大的成果。"事已至此，马玉还能说什么呢？经过领导的循循善诱，拒绝显然已经晚了，除了当即立下军令状准备奔赴战场之外，他别无选择。

马玉的领导深谙谈话的艺术，一步一个陷阱，顺利捕捉到马玉这个大将，将其派往甘肃。等到马玉终于从暗自窃喜中冷静下来时，已经无法拒绝领导的指派了。这就是说服的艺术，领导在不知不觉间就让马玉答应了他的请求。

朋友们，当你们说服他人时，如果觉得为难，或者很容易被拒绝，不如也采取这样的方法，循循善诱，步步为营，让对方无法拒绝。虽然这么做难免涉嫌玩心眼，要计谋，但是只要能达成目的，又对对方有益，就是可行的。

欢声笑语的说服妙趣横生

很多人在准备说服他人时，总是面色凝重，一本正经，似乎发生了天大的事情。实际上，说服远远没有我们想象的那么可怕，从本质上来说，无非就是动用三寸不烂之舌，把自己的观点灌输给他人。既然如此，不管是以严肃的方式，还是以嬉笑怒骂的方式，只要能顺利说服他人，我们就达到了目的。那么，我们不妨改变一下说服的风格吧，从唇枪舌战型，转变为欢声笑语型。这样一来，说服就会变得妙趣横生。

在生活中，有些人很喜欢皱着眉头，有些人呢，则总是乐观开朗，笑眯眯的。曾经有人说，既然哭也是一天，笑也是一天，我们为什么不笑着度过每一天呢？同样的道理，既然争吵并不能达到说服的目的，欢声笑语也许反而能给说服工作营造快乐的氛围，我们为什么不尽量笑一笑呢？聪明的你，当然会做出正确的选择。

比尔是一个非常风趣幽默的人，总是能给身边的人带来快乐，连办公室里的同事们都非常喜欢他。也许是因为比尔太好说话了吧，虽然比尔已经在这家公司干了好几年，但是工资却并不高。有些比他晚进公司的同事，现在的工资都比他高多了。在没有孩子之前，比尔显然并不太在乎这个问题，毕竟一人吃饱，全家不饿，也无需要那么多金钱。然而，就在去年，比尔与一见钟情的妻子结婚，今年还有了宝宝。如今，比尔深切地感受到没有钱是万万不行的。怎么办呢？换工作，显然不太合适。思来想去，比尔决定申请加薪。

比尔给老板写了一封信，内容如下："亲爱的老板，我不知道哪种

尿不湿更好。作为三个孩子的父亲，您一定在这方面很有经验，所以我随信附上六种尿不湿，麻烦您给我一个合理的建议。这六种尿不湿，价格分为三档，分别是平均一美元一片、三美元一片和五美元一片。保守估计，我家孩子每天差不多要用十片尿不湿。所以，五美元一片的您就别给我推荐了，我用不起，除非现在的工资翻一番。三美元一片的呢，相对中等一些，不过，我用着显然也有些经济吃紧。要想没有压力地轻松给孩子换尿不湿，我的工资至少应该提高百分之五十。至于一美元一片的，孩子一用就红屁股，我已经为此被老婆骂过十次，打过五次。为了保住我的小命儿，继续为公司效劳，为同事们带来快乐，希望您从长计议，给我推荐一款最合适的尿不湿。我家宝宝的小屁屁就交给您啦，请您一定要慎重考虑。"

老板看到信后，忍俊不禁。比尔就是这么幽默，即使写封信，也这么让人快乐。别说，如果比尔不在了，估计办公室的很多同事都会觉得寂寞无聊吧。为了让快乐继续留在身边，老板高兴地给比尔提笔回信说："比尔，你把宝宝的小屁屁交给我显然是明智的，我决定给你的工资提高百分之五十，你就放心地给孩子用三美元一片的尿不湿吧。"

幽默的比尔，以这样一种独特的方式，隐晦地和老板提出加薪的请求。当然，老板非常聪明，一眼就看出了比尔的用意。其实，说服他人并不需要多费口舌，尤其是熟悉的人之间，因为彼此了解，所以很多事情都容易沟通。再加上幽默风趣的话语，说服工作几乎都能获得成功。

朋友们，你们在生活和工作中也是一个快乐的人吗？赶快培养自己的幽默能力，给自己和他人带来更多的快乐吧！

第 08 章

言传身教，以身作则，素
质引导为孩子树立榜样

家庭教育和家庭氛围很关键

在孩子的成长过程中，从一张纯洁无瑕的白纸，到一张绚烂多彩的蓝图，再到把这些蓝图都变成实际的生活，需要漫长而又艰辛的过程。有人说命运是注定好的，任由谁也无法改变。然而，作为现代人，我们更愿意坚信命运掌握在自己手中，自己才是命运的主宰。既然如此，拥有怎样的人生，也就是可以争取和努力的了。孩子的成长看似漫长平淡，实则暗流涌动。很多时候，父母不经意间的一句话，就会改变孩子的人生。因此，说当父母是每个人一生之中最伟大和最艰难的事业，真是丝毫不为过啊。想想看，你轻描淡写的一句话就会改变孩子的一生，那么你说的话岂不是变成金口玉言了吗？这句话说到点子上了。对于务必信赖和依赖父母的孩子而言，父母的话就是金口玉言。在进入学校之前，孩子就是通过父母去了解和感受生活的。在染于黄则黄的年代里，父母树立了孩子对于这个世界最初的感受和想法。很多父母总是愁眉苦脸地生活，孩子长大之后也不会积极乐观。与此相反，很多父母不管在生活中遭受多少磨难都始终信心满满，那么孩子日后也不会动辄就灰心丧气，万念俱灰。这也就是我们平日里所说的，家庭环境

对人的影响。

很多父母虽然对孩子的教育特别重视，比如花费重金给孩子买好的学区房，送孩子上名校等，却丝毫不注意自身对孩子的重要影响。毫不夸张地说，良好的家庭教育和家庭氛围，比孩子上名校重要得多。有的时候，父母的一句话对于孩子的一生都会产生难以抹除的影响。与其把教育孩子的希望都寄托在学校和各种水平参差不齐的培训班，不如父母多多提升自己。

很久以前，有个牧羊人特别穷，家境贫困。他有两个活泼可爱的儿子，他们都很聪明。有一次，牧羊人带着孩子们去山坡上放羊。羊儿找到水草肥美的地方吃草，牧羊人带着孩子们躺在草地上晒太阳。突然，天上有一群大雁飞过。这时，一个孩子说："爸爸，人能飞起来吗？要是我也能像鸟儿一样飞到天空中，那该多么好啊！"牧羊人笑着说："当然可以啊！人类也是有翅膀的，你可以飞着试试。"孩子们欢呼雀跃地尝试着想要飞起来，但他们努力好几次都没有成功。爸爸也在尝试，当然，他也失败了。看着孩子们沮丧的样子，爸爸毫不气馁，鼓励孩子们说："你们还小，翅膀还没长好呢！爸爸又太老了，飞不动了。等你们再长大一些，就一定能飞起来。"后来，牧羊人还用辛苦挣到的钱给孩子们买了个玩具。这个玩具很简单，有一个橡皮筋，只需要把小木块借助橡皮筋的力量弹一下，小木块就会飞到空中。孩子们特别喜欢这个玩具，在他们稚嫩的心里，小木块都能飞到天上，更何况是他们呢！长大之后，他们始终不忘飞天的梦想，最后居然梦想成真，造出了世界上的第一架飞机。他们，就是莱特兄弟。正是因为父亲的一句话，他们的一生都变得与众不同了。

作为美国登上月球的第一个人阿姆斯特朗，他的登月行为也绝非偶然。他出生于1930年8月5日，在很小的时候，他就喜欢在夜晚仰望星空。在一个晴朗的夜晚，他看着天空中的星星，不停地纵身往上跳跃。妈妈正在洗碗，听到他蹦蹦跳跳的声音，不由得问："宝贝，你在干什么呢？"他大声地告诉妈妈："妈妈，我想跳起来，跳到月球上看一看。"这时，妈妈丝毫没有感到惊讶，而是笑着对他说："真的啊，那可太好了。你去月球上看完之后，一定要记得回来啊！"

在第一个案例中，爸爸的话在莱特兄弟心中种下了飞天的梦想。正因为如此，他们长大之后在创造飞机的路上虽然受到了很多磨难，经历了无数次失败，却从未放弃过。至于阿姆斯特朗的妈妈，回答则更加机智和巧妙。如果这个问题放在大多数妈妈身上，也许马上就会毫不留情地打击孩子："你还是先好好学习吧！""你真是白日做梦啊，人怎么可能到月球呢！""你真是奇思妙想啊！"这些回答，都远远不及"记得回来"给予阿姆斯特朗的信心、希望和勇气。

爸爸妈妈们，在和孩子交流的时候，一定要多多注意，不要折断孩子的翅膀啊！

多给孩子一些鼓励

与孩子们的表现和成就相比，父母望子成龙、望女成凤的心理总是

那么迫切，期望也那么高。人类有很多不可调和的矛盾，父母的期望和孩子的现状之间就是这样一种矛盾。曾经有人说过，对于妈妈来说，最痛苦的事情莫过于在孩子成长的过程中接受孩子平庸的事实。的确，经历了十月怀胎的痛苦和憧憬，几乎每个妈妈都觉得自己的孩子是人中之龙。然而，随着孩子渐渐长大，他学会的走路说话、吃饭穿衣，其他孩子也全部都学会了。孩子们之间的差距越来越小，妈妈们曾经的优越感也渐渐消失殆尽。甚至当孩子越长越大，我们发现他其实很平凡，根本不像我们这么多年来想的那样与众不同，鹤立鸡群。因此，父母们都开始铆足了劲给孩子报名上名校，不惜一切代价也要让孩子赢在起跑线上。

每个孩子的天赋都不相同，很多时候，他们的成功既有后天的因素，也有先天的成分。世界上有这么多人，有几个是出人头地、举世瞩目的人？大多数人都是普通人。如此想来，当孩子与你想象中完美的样子渐行渐远时，不要再一味地抱怨孩子，给他们施加压力了。最好的方式是鼓励，即使他在你心里不令你满意，你也要多多鼓励他。一味的否定和批评，一味的吹毛求疵，只会让孩子最终选择放弃。曾经有位名人说过，你想让孩子成为怎样的人，你就按照那个样子表扬他，他最终就会成为那样的人。反之，如果你因为不满意而不断地否定他，那么他一定会往反方向越走越远。既然如此，为什么不试试多鼓励呢？

在幼儿园的一次家长会上，她和所有家长一样都兴致勃勃的，想知道老师如何表扬孩子。然而，家长会结束了，老师留下她说："你家孩子肯定是有多动症，根本坐不住。我建议你带他到专科门诊看看，对

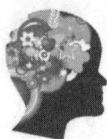

症治疗。"回家之后，儿子高兴地问："妈妈，老师表扬我了吗？"她心里难受极了，眼泪却只能咽进肚子里。她笑着对儿子说："老师真的表扬你了。她说你以前只能坐在板凳上一分钟，现在居然能坐到五分钟了。全班同学里，只有你进步这么大，其他妈妈都很羡慕我呢！"那天晚上，儿子居然自己吃了两碗饭，没让妈妈喂饭。

上小学之后，她依然勇敢地去参加家长会，勇敢地面对一切问题。在儿子进入小学生涯后的第一次家长会上，老师依然没有当着全班家长的面提起她的儿子。会后，她主动留了下来，老师果然说："全班几十名学生，你儿子几乎次次都是倒数第一。你是不是考虑带他去医院检查下智力，根据我们的经验判断，他应该智力上有些欠缺。"这一次，她伤心地流下了眼泪，一路哭着走回家。然而，在进家门之前，她擦干眼泪，带着笑脸。进屋之后，她对正在书桌旁看书的儿子说："宝贝，你一直都在进步。这次家长会，老师都特意表扬了你。她说，你现在上课听讲很认真。如果你能更加细心，下次考试有可能赶超你的同桌。这次考试，你同桌是第26名。"原本惴惴不安的儿子，听了她的话之后眼睛闪闪发光，兴奋地说："妈妈，我一定会努力的。"第二天，她惊讶地发现，儿子早早就起床了，说要早点去学校读书、背诵。

日子一天天过去，孩子升入初中。在初三的一次家长会上，她打心眼里有些发怵，她生怕老师再次说出什么不好的消息。然而，这次家长会，老师真的当着全班家长的面点名了。老师说："李振妈妈需要注意，按照孩子现在的成绩，考上重点高中有点儿难度。不过，如果这半年加大努力，还是有可能考上重点高中的。"听到老师的这句话，她简

直心花怒放。因为兴奋，她简直觉得两脚轻飘飘的。她就这样飘飘忽忽地走出校门，对守候在门口的儿子说："儿子，你是妈妈的骄傲。老师说了，你只要再努力半年，就很有希望考上重点高中。"

就这样，在妈妈的鼓励中，儿子顺利地考上了重点高中，高中毕业后以优异的成绩被清华大学录取了。因为，她在报考的时候坚定不移地对儿子说："你一定能考上清华！"在录取通知书拿给妈妈看之后，儿子哭了。他泪流满面地说："妈妈，我知道我很笨，是你一直相信我！"她也哭了，这是喜悦的泪水。

一个被老师们宣判为多动症、智障的孩子，就这样在妈妈的鼓励中，一点一滴地进步，最终考入了清华大学。对于这样的孩子，鼓励都能让他脱胎换骨，改头换面，更何况是活泼健康的孩子呢？重要的是妈妈的信念。

很多亲子教育类的书籍都说好妈妈不如好老师，的确，好妈妈胜过好老师。然而，一个孩子成才的背后，是妈妈呕心沥血的用心良苦。如果文中妈妈的处理方式改变，在老师说出诸多难听话之后埋怨孩子，对生活失去希望，那么孩子别说是清华大学，只怕连正常的义务教育都无法坚持下去。鼓励的力量就是如此巨大，为人父母者，一定要有足够的耐心和毅力，等待孩子渐渐成长和成熟起来！

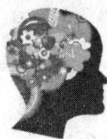

过分说教助长孩子逆反心理

为了让孩子赢在起跑线上，望子成龙、望女成凤的父母八仙过海，各显神通。有些父母不但在孩子很小的时候就带孩子上早教班，上学之后更是各种培训班齐上阵。当然，如今提倡素质教育，父母们在狠抓学习成绩的同时，也关注孩子的身体发育和心理发育，更加注重孩子的品质。尤其是现代社会压力这么大，很多孩子心理脆弱，因此父母们也更加关注孩子的心理健康，想让孩子以后坦然从容地面对社会生活。总而言之，父母们最大的心愿就是把孩子培养为面面俱到的完美之人。然而，这个世界上根本不存在真正的完美，所有的完美都是相对的。很多人的生活看似风光无限，实则也有着很多不为人知的痛苦。那么，在养育孩子的过程中，我们要那么贪婪吗？且不说每个孩子的天分都不相同，我们应该做到因材施教，孩子的童年也是非常短暂的，应该以快乐成长为主旋律。想想我们自己吧，在面对生活压力的时候，想起曾经快乐的童年，是不是会不自觉地嘴角挂上微笑。那么，我们的孩子呢？难道等到长大了生活不如意的时候，就只能想起童年时代就早早开始的拼搏，四处奔波上补习班和爸爸妈妈没完没了的唠叨吗？

对孩子的教育要适可而止，要适度。凡事过犹不及的道理，在这里同样适用。很多妈妈都喜欢和孩子讲道理，恨不得在一天之间把世界上所有的道理都告诉孩子，并且让孩子理解。殊不知，孩子的身体和心理发育都是一个缓慢的过程。我们都知道揠苗助长的事情，知道禾苗一旦被拔高，就会因为失去养分和违背自身的生长发育规律而干枯。然

而，我们却没有把这个道理用到孩子身上。实际上，孩子和幼嫩的禾苗一样，需要汲取养分，慢慢长大。在和孩子讲道理的时候，父母们一定要注意适可而止。人在理解道理的时候，需要过程，尤其是对于孩子来说，并非是一经点拨就能明白的。正如我们要给孩子时间等待他慢慢长大一样，我们同样需要给孩子时间消化我们给他灌输的道理。过分的说教，不但无法使孩子按照你的想法长大，还会使孩子产生逆反心理，导致事与愿违。

子玉是一名初中生。有一段时间，她和郁南彼此产生了好感。其实，他们只是关系比较好的朋友，比同学关系更加亲密而已。刚开始的时候，子玉的数学不好，语文非常棒。郁南呢，则恰恰相反。他语文不好，数学非常棒。为了互相帮助和提高学习成绩，子玉和郁南常常在放学之后留在学校，子玉帮郁南学语文，郁南教子玉解答数学题。一段时间之后，他们自然而然走得亲近起来。这时，同学们之间渐渐有了风言风语，说子玉在和郁南早恋。

得知这件事情后，老师如临大敌，把这件事情告诉了子玉妈妈，让子玉妈妈多多留心。妈妈知道后，马上就采取行动，每天都接子玉放学。为了让子玉重视这个问题，妈妈不但和子玉促膝长谈，而且每天上学前都会在子玉面前唠叨，让子玉不要再和郁南来往，一定要全心全意好好学习。刚开始的时候，虽然子玉问心无愧，但还是答应妈妈会和郁南保持距离。后来，看到妈妈每天都唠叨，子玉就很厌烦了。虽然妈妈接她放学，但是课间的时间还是有的。子玉依然和郁南走得很近，彼此请教学习上的问题。没过多久，子玉居然真的开始喜欢郁南了。妈妈越是唠叨，她就越觉得自己应该喜欢郁南，因为郁南始终都

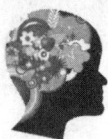

顶着压力陪伴在她身边。就这样，子玉不想再在乎妈妈的唠叨，真的和郁南早恋了。

早恋，在孩子的成长过程中，始终是一个让父母和老师都很重视的问题。不过，随着时代的发展，它早已不再如洪水猛兽般让人避之不及。其实，青少年异性之间彼此产生好感是很正常的事情，对于这种超过同学之情的情谊，我们可以将其定义为比较好的朋友。如果像子玉妈妈一样如临大敌，每时每刻都在子玉面前唠叨说教，那么一定会适得其反，事与愿违。试想，假如子玉妈妈对于子玉刚刚萌芽的早恋佯装不知情，而是使其朝着友谊的方向发展，那么结果一定会大不相同。

在孩子的成长过程中，父母似乎始终都在扮演着说教的角色。孩子在探索世界，父母则急不可耐地想把自己的经验传授给孩子。这样的传授，应该以言传身教和点拨的方式进行，而千万不要不分时间和场合地过分说教。父母只有掌握了正确的教育孩子的方法，才能给予孩子的成长更多的扶持和帮助。

学习一些教育常用语

记得有位名人曾经在著作中说过，孩子可爱的时候像天使，讨厌的时候像魔鬼。的确，就是这些小小的精灵，让我们的生命得到了延续，也让我们的生活有了意义，但是与此同时，情绪发作的他们、性格执拗

的他们，也让我们有的时候很抓狂，恨不得狠狠地揍他们一顿。每当这个时候，我们竭尽所能才能控制自己的手掌不落到他们的屁股上，嘴巴里却不由分说地蹦出很多恶毒的词语，哪怕想尽一切办法也要让他们在最短的时间内感到害怕恐惧，不得不对我们言听计从。其实，真正的教育不是恐吓，也不是每天都数次感情用事，不知所言，而是有技巧的。在和孩子交流的时候，如果能够掌握技巧，运用聪明和智慧，那么就能起到事半功倍的效果，而不至于歇斯底里，口不择言。

其实，所谓的教育常用语，并没有一定之规矩。但是，有几个原则需要掌握。首先，就是要尊重孩子，体谅孩子，不要把孩子当成自己的私有财产去支配和呵斥。例如，告诉孩子："不管你怎么做，爸爸都相信你一定有自己的理由。不过，你能不能把你的理由告诉爸爸，看看爸爸能不能给你提出一些有效的建议。"孩子虽小，也有自尊心，也需要被父母平等地尊重和对待。这样的话对于孩子而言，能让他们瞬间消除和父母的抵触与对立心理，从内心深处接纳父母，把父母当成自己的朋友。

其次，不要命令或者呵斥孩子，而应该向孩子寻求帮助。孩子虽小，也想得到被人需要的感觉。诸如，"宝贝，你可以帮助妈妈把碗筷刷洗干净吗？妈妈很累，你应该能帮助我。"这样的话，会让孩子兴冲冲地放下手中正在玩的玩具，高高兴兴地帮助妈妈分担些力所能及的家务事。相反，如果用颐指气使的态度和语气命令孩子，只会激起他的逆反心理，让他心不甘情不愿。

再次，和孩子说话的时候，要给予足够的赞赏。任何时候，表扬都比批评更有效。例如，"宝贝，你真棒，这次居然没有害怕迎面而来的

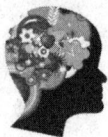

大狗，爸爸最喜欢看到你勇敢坚强的模样。"这样的话，远远比"你都这么大的人了，看到狗居然还害怕，简直胆小如鼠"效果好得多。

最后，教育孩子还应该肯定他的进步，尤其是在学习上，不断的激励比持续的施加压力效果更好。例如，"孩子，你真棒，这次考试虽然只考了第19名，但是比起上次的第16名进步了三名，这可是很大的进步啊，爸爸相信你一定付出了巨大的努力。"总而言之，爱、理解、尊重和信任，是人与人之间友好交往的基础，亲子关系也是如此，必须遵循这几项原则，才能让孩子对父母敞开心扉，成为忘年之交。

豆豆今年6岁了，是个一年级的小豆包。进入一年级之后，豆豆的人际关系显然比幼儿园时期更加复杂了。每天，豆豆一放学就会和妈妈说学校里开心的事情。然而，今天豆豆放学之后显然情绪不对，愁眉苦脸的，丝毫也不高兴。妈妈看出端倪，问豆豆："宝贝，你怎么了？为什么不高兴呢？"豆豆哭丧着脸说："妈妈，今天我和健健吵架了。"妈妈很惊讶，问："豆豆，你和健健是好朋友啊，怎么会吵架呢？"豆豆噘着小嘴，不高兴地说："他把我的奥特曼书弄坏了。"妈妈问："那他肯定不是故意的，他一定和你道歉了吧？"豆豆的情绪突然爆发，大声喊道："道歉有什么用，道歉书也不能好了呀！"看到豆豆的态度，妈妈的火也噌的一下子上来了。她气呼呼地说："你怎么这么小气啊！健健是你最好的朋友，书弄坏就坏了呗，你这个小气鬼！"听到妈妈这么说，豆豆委屈得大哭起来。

看到豆豆伤心的样子，妈妈意识到自己的情绪有些失控。对于这么小的孩子来说，也许他只能知道什么是自己喜欢的，而无法区分友谊才是最重要的吧！冷静一会儿之后，妈妈又改变方式，柔声细语地和豆豆

说："豆豆，妈妈知道你最喜欢那本奥特曼书了。书坏了，你一定很伤心。"豆豆含着眼泪，点了点头。妈妈继续说道："不过，妈妈想告诉你的是，朋友是最重要的。我想，健健弄坏奥特曼书肯定不是故意的。你可以想一想，假如你不小心把健健的书弄坏了，虽然你道歉了，但是健健却不肯原谅你。你，会不会很伤心呢？"豆豆陷入沉思之中，似乎在想如果自己是健健，会做何感想。想了一会儿之后，他抬起头看着妈妈，说："妈妈，我错了。奥特曼书只要用透明胶带粘一粘，就还能看。但是健健如果伤心了，我就没有朋友了。"看到豆豆想明白了其中的道理，妈妈高兴地亲了亲他，说："豆豆最棒。妈妈相信，豆豆肯定知道书和朋友哪个更重要。"

亲子教育，必须是爸爸妈妈都很用心。很多时候，孩子的倔脾气上来了，就像一头小倔驴。在这种情况下，爸爸妈妈一定要控制好自己的情绪，平静舒缓地引导孩子学会正确地思考。就像案例中的豆豆妈妈，如果不是及时意识到自己的情绪失控，改变了自己的教育方式，以温言细语引导豆豆，那么非但豆豆无法意识到错误，亲子关系也会剑拔弩张，最终得不偿失。

孩子的心思非常简单，他们就像是纯洁的白纸，染黄则黄，染黑则黑。面对他们，爸爸妈妈们一定要控制好情绪，给予他足够的尊重、理解、耐心和爱，这样才能让孩子从内心深处想明白其中的道理，也能够融洽亲子关系。

恐吓只会让孩子更恐惧

面对孩子的哭叫吵闹，很多父母在情急之中，选择了恐吓。的确，从短暂的时间内来看，恐吓是一种行之有效的办法。例如，有些孩子哭闹不止，妈妈会说："宝贝，别哭，大老虎来了。你听，如果你继续哭，老虎就会把你叼走，再也找不到妈妈。"听到妈妈的话，孩子瞬间就会止住哭声，生怕老虎循着哭声而来，把他叼进深山老林。面对安静的孩子，妈妈终于松了口气。的确，有的时候对于妈妈来说，孩子的哭声就像是紧箍咒，而妈妈则像是被念咒的孙悟空，简直一刻也难以忍受。在一部外国电影中，一个因为孩子有轻度抑郁症的妈妈，每天都和老公吵架。为了散心，她带着孩子来到雪山脚下的一个小镇里，想找回和孩子快乐相处的时光，也能修复与丈夫之间的关系。然而，刚刚来到新环境中时，她还没能怎么和孩子享受快乐的亲子时光，孩子就又开始在夜晚哭闹不止。有一天，在孩子摔碎了瓷器并且大声哭闹的时候，妈妈居然失去理智，把孩子举起来，重重地摔到了地板上。孩子一瞬间没了动静，昏死过去。幸好，住在楼下的房主听到这一系列的声音很反常，冲上去把孩子送到医院，并且没有揭穿这个妈妈的疯狂行为。在又经历了一系列事情之后，这位妈妈终于找到了与孩子的相处之道。后来，她回到家里，与丈夫的关系也有所缓和，没过多久，居然又生了第二个孩子。由此可见，与孩子的相处也是需要妈妈们调整心态，找到方法的，否则，这个弱小的生命哭闹起来真的能把人逼疯。

无论如何，恐吓都不是好办法。很多时候，父母随口编造出的谎言，会给孩子们带来难以诉说的恐惧和心灵上的伤害。根据现代教育学研究显示，教育孩子的时候应该采取正面教育的方法，让孩子变得积极阳光开朗，而不要使其心理压抑，郁郁寡欢。

近段时间，因为爸爸要出差两个月，妈妈也要接连不断地出差，所以妈妈把闹闹的奶奶接过来照顾他。有奶奶在，妈妈完全不担心闹闹的衣食住行，而是怕闹闹不太习惯奶奶的教育方式。不过，似乎妈妈的担心是多余的，在外奔波的日子，妈妈并没有接到闹闹打电话给妈妈告状。相反，每次打电话的时候，妈妈都能感觉到闹闹乖巧了很多，除了说想妈妈之外，说话也变得规矩起来了。忙碌的日子总是过得很快，转眼之间，妈妈出差结束了。在妈妈回来的第二天，惦记家里的奶奶就启程回家了。当天晚上，妈妈就感觉到了异常。原本，非常活泛的闹闹现在变成了跟屁虫，不管妈妈去哪里，他都跟在妈妈身后。

妈妈很纳闷，闹闹以前不是这么胆小的。每到夜晚来临，从幼儿园里放出来的他总是不顾一切地疯玩，有的时候，即使很晚了也哭闹着不愿意睡觉。现在，他为什么总是跟着自己呢？原因很快就水落石出了，原来，这一切都是因为奶奶。在妈妈和奶奶通电话的时候，奶奶得意地问："闹闹现在晚上不闹了吧，是不是每天一到八点半就准时睡觉了？"妈妈疑惑地问："是啊，他以前玩到九十点钟都不愿意睡觉，这是怎么了？"奶奶说："哈哈，因为我吓唬他说，怪物在九点就会出来抓小孩。如果哪个小孩九点还没睡觉，怪物就会把他抓走。"听了奶奶的话，妈妈丝毫高兴不起来。闹闹是能够按时睡觉了，但是谁知道他幼小的心灵承受了多么大的压力呢？以往，妈妈会在睡觉之前给他讲各种

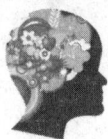

童话故事，也许他梦到的是七个小矮人和白雪公主，或者是白天鹅。现在呢，他大概梦到的是怪物出来抓孩子吧！当天晚上，妈妈就拿出童话故事书，挑最有美感的故事讲给闹闹听。讲完故事，闹闹问妈妈："妈妈，世界上真的有怪物吗？"妈妈看着闹闹担心的样子，马上不假思索地说："不可能，世界上怎么会有怪物呢！肯定是奶奶告诉你有怪物的吧，其实，奶奶是骗你的，为了让你早点儿睡觉。你知道吗，在爸爸小时候，奶奶也这么骗过爸爸，把爸爸吓得都尿床了呢！直到现在，爸爸还埋怨奶奶骗他呢！"听说爸爸被奶奶骗得尿床，闹闹似乎把恐惧忘掉了，大喊道："爸爸尿床喽，羞羞，羞羞！"就这样，妈妈接连花了好多个夜晚，才把怪物的影响从闹闹脑海中赶走。妈妈想，宁愿让闹闹晚上睡觉难，也不想让他睡着之后与恐惧相伴！

恐吓，的确能让不谙世事的孩子在短时间内因为恐惧，变得对成人言听计从。然而，恐吓带来的影响是巨大的，有的时候甚至会影响孩子很久。案例中的妈妈非常理智，并没有因为闹闹在奶奶的恐吓下按时睡觉而高兴，相反，她意识到闹闹稚嫩的心灵承受了巨大的压力。为此，她马上想办法补救，安抚闹闹。

爸爸妈妈们，如果你们还在用恐吓的办法制服孩子，那就赶快叫停吧！真正爱孩子的爸爸妈妈，宁愿孩子不听话、淘气，也不想让孩子因为恐惧而畏手畏脚！

平等对话，让孩子自由表达

有多少父母习惯了对孩子下达命令："赶紧穿衣服，不然就迟到了！""你必须吃菠菜，菠菜中含有铁！""你只能学习钢琴，不能学习其他的任何乐器，这样对你将来的人生有好处！""周六上午上瑞思英语，我已经帮你报名了。"什么时候，父母在代替孩子做出某些决定之前，能够询问孩子的意见，尊重孩子的态度？什么时候，父母不再以命令的语气对孩子传达自己的指令，而是把孩子当成平等的个体对待？什么时候，父母能不再给予孩子自己认为好的，而是给予孩子他真正需要的？这一切，都是横亘在亲子之间的障碍。归根结底，父母应该调整自己的心态，不要把自己当成是孩子的所有人，也不要把自己当成是孩子的上司。唯有以对待朋友的态度去对待孩子，才能与孩子实现平等、民主的交流。

在人与人的交流中，交流的结果一是由内容决定，另外，也由态度决定。所谓颐指气使，指的就是有权势的人以傲慢的态度对待他人。在亲子关系中，虽然有些事情看似不值一提，都是日常生活的小事，却往往导致矛盾的爆发。归根结底，是处理事情的方式和过程出现了问题。只有调整好自己的态度，让孩子乐于接受你的建议，你才能真正走进孩子内心深处。

一直以来，郎朗都与爸爸关系紧张，几乎到了水火不容的地步。原来，郎朗的妈妈在一次车祸中去世了，从此之后，郎朗只能和爸爸一起生活。因为家里一下子只剩下两个男人，生活似乎变得单调乏味起来。

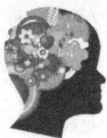

尤其是爸爸表达的方式，让郎朗特别难以接受。

有一次，郎朗和朋友瞒着家里人，一起开车去西藏游玩，意外出了车祸。原本，爸爸非常担心郎朗。然而，在郎朗回家之后的第一时间，他马上开始批评郎朗："你什么时候才能长大呢？你总是这样恣意妄为，这次还差点害得朋友丢了性命。如果他们真的有个三长两短，我如何向他们的父母交代啊？！"原本，爸爸在郎朗回家之前几乎要担心死了，事情最终的结果却是父子俩不欢而散。因为和爸爸之间关系恶劣，郎朗开始夜不归宿，叛逆心很强。为了避免郎朗误入歧途，爸爸决定送他出国。在郎朗毫不知情的情况下，爸爸就替他办好护照，联系好学校。然而，郎朗知道之后死活不愿意出国。其实，原因很简单：他不想按照爸爸的意愿生活。以前，郎朗很想出国，是爸爸不同意他出国。如今，爸爸办好了出国的一切事情，郎朗却因为爸爸想让他出国，而不再想出国。这岂不是很奇怪吗？后来，郎朗的老师受他爸爸的委托，和郎朗彻底地谈了一次。在理解爸爸的苦衷之后，郎朗才原谅爸爸私自做出的这个决定，乖乖地出国留学。当然，老师也把爸爸教育一通："郎朗爸爸，我觉得你应该改变和孩子交流的方式。其实，郎朗是很愿意出国的，但是他非常抵触你这种自作主张的做法。假如你能在做出决定之前和孩子沟通一下，哪怕只是形式上的，也会让孩子感觉自己受到尊重，就没有那么抵触了。你们父子之间关系一直紧张，这与你们相依为命的现实完全不相符。我想，一定是你的教育方式出现了问题，或者表达方式有问题。"经过老师的指点，爸爸也意识到自己的交流方式的确存在问题，尤其是对于郎朗这样个性很强的孩子来说，必须得尊重他，给予他民主和平等的对待。从此之后，爸爸改变和郎朗交流的方式，父子之

间的关系果然缓和了。

　　每个人都不喜欢别人命令自己，包括孩子在内。一旦感受到他人命令的语气，孩子们马上就会变得叛逆，以此证明自己不愿意对他人言听计从。要避免激起孩子的叛逆心理，父母在教育孩子的过程中就应该注意调整自己的语气。换而言之，亲子之间的交谈其实是由父母掌握节奏和基调，只有父母能够做到心平气和、平等民主，孩子才能通情达理。

　　爸爸妈妈们，把孩子当朋友，你就一定不会再冲着孩子下达指令啦！

第 09 章

高调做事，低调做人，巧避锋芒让领导看在心里

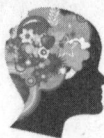

用礼貌用语向领导展现自身能力

无论是在日常生活中，还是在工作中，语言的作用都是无法替代的，它是人与人之间沟通的主要工具，是表达思想的主要方式。语言的内容与说话方式，体现了我们的素质、文化修养等各个方面的综合素质。

在工作中，与领导交流，要学会以礼相待，多用礼貌用语交谈，让领导感受到你的良好素质和对他的尊重。相反，若对领导不使用礼貌用语，则会让其觉得你缺乏修养，不懂礼貌。试想，一个连最起码的礼貌都不具备的下属，又怎么能获得领导的赏识和重视呢？

张杰刚毕业的时候，被熟人推荐到一家服装公司的销售部。那家公司有半年的实习期，由于自己是新人，张杰说话、做事处处小心。转眼三个月过去了，一切相安无事，但后来却发生了一件事，让他和领导的关系变得很紧张。

一天中午，销售主管出门开了一个重要的会议，会议开了很久。两个多小时过去了，主管终于回来了，气呼呼地说："外面这么大雪，谈什么生意，谈就谈吧，还刁难我，连午饭都没顾上吃，真是气死我了。"这时候，张杰一看领导心情很差，就走上前去准备安慰一下，可

一时又不知道说什么，就简单地说了一句："辛苦了！"这话一开口，领导就回了一句："你以为你是谁？在你的位置上待上十年再来说这话吧。"张杰一时莫名其妙，不知道自己怎么就得罪领导了，明明是去安慰他，却被他骂了个狗血淋头，心中的委屈都不知道向谁倾诉。

销售部有个老周，新人一直是由他负责带的，人也很好相处，张杰就把被领导骂的事情跟老周说了。经过老周点拨，张杰才明白自己犯了什么错："辛苦了"只有上司对下属或者长辈对晚辈说，而自己只不过是个实习生而已，居然对经验丰富的领导说这样的话，也难怪领导会生气地说出那些话。张杰真是悔不当初。

张杰遇到的这种情况恐怕很多职场新人也遇到过，自己不留心说的一句话就冒犯了领导。可见，懂得职场礼貌用语的重要性。其实，从领导的角度看，无论哪个领导，听到下属对自己说"辛苦了"这三个字的时候，都会不舒服，感觉这是一种不尊重和蔑视，自己的威望受到了挑衅。即使有些领导性格好，不会像案例中的领导那样大发脾气，但也会在心里对你产生极坏的印象，认为你是没教养、没素质的下属。

那么，针对案例中的情况，作为下属的我们，该怎样说才更为妥当呢？你不妨在"辛苦了"前面上加一个"您"字，"您辛苦了"这句话听起来就让人舒服多了，虽然意思完全相同，但这句话有了这个"您"字就变成敬语了，一开口就能显示出你对领导的尊重。

身处职场，一定要学会使用礼貌用语，让领导看出你的素质，哪个领导不喜欢有素质的下属呢？因此，你不妨学会一些礼貌用语并把它当成日常说话规范。

对比，我们在和领导沟通时，要把握住以下几个方面：

1.主动问候领导

作为下属，无论在什么场合，遇到领导，主动问候都会使你显得更有礼貌。如果距离太远不便呼叫，可用眼睛注视，当领导与你的目光相遇时，要点头示意一下。近距离时，则可用礼貌用语打招呼。

2.注意礼貌的度，排除谄媚之嫌

与领导相处本身就要有一定的度，尤其当你在公众场合遇见领导，不要表现得过分热情，只需礼貌地说一声"您好！"就可以了。现实中，很多下属为了和领导搞好关系，在一些非工作场合遇到领导，认为好不容易逮到个机会，不能没礼貌，于是就说个不停，可能领导嘴上应承了你，但在心里早已对你不耐烦了，而且这也使你更有谄媚之嫌。

3.和领导相处，更要礼尚往来

与领导相处，一定要学会以礼相待。俗话说，人敬我一尺，我敬人一丈。这一点也适用于职场。比如， 如果前一天领导请你吃了饭，第二天见到领导时要再次致谢；如果领导受邀并参加了你的宴会或你举办的活动，一定要当面致谢，并送个小纪念品以示谢意，哪怕是一张纪念卡。

4.陪领导应酬，要会一些基本的社交礼仪

身处职场，难免有一些应酬，而很多时候，这些应酬是要和领导一起参加的。作为下属，我们一定要会一些社交礼仪，才不会显得手足无措。就拿酒桌礼仪而言，举杯前要先等着领导，只有等到领导举杯了，你才能举杯，或者你可以举杯敬领导。切记，千万不要拿起杯子一句话也不说就一饮而尽，那样领导会以为你对他、对工作或者对公司有什么不满。

掌握说话句型，让沟通更顺畅

我们发现，那些职场达人，不仅工作轻松自由，还"集万千宠爱于一身"，领导赏识，同事敬重，这恐怕是最佳的职场状态了。可是也有一些人，每天辛苦劳碌，却吃力不讨好，动不动遭训斥，看着那些颇受器重、处处逢源的同事，他们似乎只能望洋兴叹。

那为什么会有如此迥异的职场命运呢？其实很简单，身处职场，除了努力工作，提高工作能力外，学会与人沟通同样很重要，让同事、领导认可你，才是你价值的真正体现，否则，在你为集体创造价值与利益的同时，你的价值却会被埋没。

职场沟通，其中一个很重要的部分莫过于与领导沟通，因为最终掌管我们升迁命运的还是领导，领导的认可从某种程度上来说，是我们通向一个个更高职场阶梯的通行证。这就要求，我们在与领导说话的时候，一定要有水准，对此，我们不妨掌握一些和领导交谈的极为有用的句型。千万不要小看这些句型，这些句型能使领导听起来很受用，上司也会觉得你有礼貌，处理事情有分寸，自然会对你另眼相看。

张龙毕业后就一直供职于一家快递公司，可谓是亲眼见证了公司的发展壮大，他也从小小的职员做到了经理助理一职。当然，他能步步高升，除了他努力工作外，还有一点就是他会说话，深得领导器重。有一件事就能体现这一点：

那时，他刚刚来报到，还是个实习生。因为那段时间马路都在施工，原先答应客户的快递要在24小时内送到就无法兑现，很多客户已经

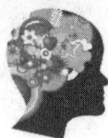

投诉到公司来了。很多老员工都不敢把这件事告诉经理，就让新来的张龙去。张龙知道这是一块烫手的山芋，办好了，自然同事们会对他刮目相看，但办不好，甚至可能就会被经理判"死刑"，有失去工作的危险，但他已经推却不了了，只好硬着头皮去请示。

当时，经理办公室并无其他人，但聪明的张龙没有推门而入。他站在办公室外面，想好了事情的前因后果，以及如何说才能让上司接受等，将这些都分析透彻后，他敲开了上司的门。

他微笑着对经理说："我们似乎遇到了一些状况。"

经理笑着问："哦？什么状况？"

张龙冷静地将情况分析给经理听，然后又耐心地解释："我仔细看了我们公司的合同，这样的状况属于不可抗拒力，我们是不必承担责任的！但是我们的宗旨是为客户服务，所以我们应该给那个路段的所有客户发一封致歉信，让他们知道并不是我们故意的，我们一直是为他们尽最大努力服务的。"

经理点了点头，对张龙流露出赞许的目光。张龙如释重负，终于长松了一口气，而从那以后，经理对张龙这个人一直欣赏有加。

很明显，张龙使用的这句话"我们似乎遇到了一些状况"听来很有韵味。他主动说出这句话后，领导肯定会主动问"什么状况"，这比我们开始就说出坏消息好得多，至少在心理上，领导已有了个缓冲的过程，不至于一时无法接受而立刻发怒。

任何人都希望听到好消息，领导也一样，可是有些坏消息我们必须向上司请示。我们万不能冲进办公室就诉说，这样，即使你只是个消息的传递者，但作为公司的一员，上司也会怀疑你处理事情的能力，而如

果不紧不慢地说出"我们似乎碰到一些状况"，首先就弱化了事情的严重性，再者，表明你和领导站在同一条战线，都为公司利益着想。

其实，除了上面这句话外，还有很多固定句型，可以帮助我们应急，这些句型有以下几个：

1. "我马上处理"

如果公司出了状况，上司告诉了你，并要你迅速做出回应的时候，你还在那里犹豫不决，上司会对你非常生气。而此时对上司说"我马上处理"，会令上司很直接地认为你是办事效率很高的好下属。

当然，"马上处理"并非意味着一定要处理好，对于上司来说，他们想得到的就是这么一句话，这句话不至于让上司发怒。如果后来处理好了，那是你有能力，如果处理不好，也不能说你不把公司的事情当回事。

2. "××点以前给您答复"

当上司问你某件事，而你不清楚的话，这句话就可帮你暂时回避问题，你可以对上司说："让我再认真地想一想，××点以前给您答复好吗？"之后你可以再询问其他人，或查找相关的资料。

3. "我很想知道您对某件案子的看法……"

这句话恰如其分地讨好了领导。

4. "是我一时失察，不过幸好……"

这句话承认了自己的疏忽，但又不会引起领导的不满。

同样的意思用不同的说法表达出来，会给人一种不一样的感觉。使用这些惯用句型，会使你的话语更显干练和成熟，会使你与领导沟通起来事半功倍！

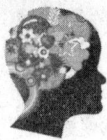

张弛有度，实力更重要

身处职场，我们要想得到领导的肯定和认可，想要得到升迁、加薪的机会，就必须学会和领导沟通。换句话说，只会努力工作是不够的，还要让领导看到你的成绩。能力相仿的两个人，会沟通、会展示成绩的人肯定更容易受到重用和信任。我们看看下面这个故事：

工作中，我们需要这样的技巧，我们应该学会巧妙地将自己的成绩传达给领导。毕竟，当今社会是一个人才济济的时代，光会做事远不够，还要会说，表达出来，才能得到认可，一味工作，并不能让上司看到，即使你累得半死，也与升职、加薪无缘！

徐雯自从大学毕业后就在一家广告公司工作，她为人本分，工作更是勤勤恳恳，因为她觉得，只要努力工作，就一定会有出头之日，领导的眼睛是雪亮的，谁真正付出了，领导也会看得到。因此，每当大家都拼了命地往自己身上揽功时，她却说："其实，我也没做什么，都是在大家的帮助和努力下完成的！"久而久之，领导也觉得她这个人平平淡淡，真心是没做出什么成绩。

后来，还是她的一个好朋友问她："你在公司这么些年，怎么也不见你升职啊？"徐雯把自己的想法对她说了以后，朋友觉得很可笑，她对徐雯说："你那样的回答不会让上司觉得你这是谦虚，他会觉得你是真的什么都没有做。"在听了朋友的劝告之后，徐雯如梦初醒，于是，她就进行了调整。有一次，她只花了一个星期就成交了一笔大业务。于是，她开始趁热打铁，显示自己的成绩。

一个偶然的机会，徐雯假装不经意地提起："我刚和一个朋友谈完，就成交了这笔生意！前后还不到一周的时间。"

领导听后果真非常高兴，他建议徐雯告诉公司的公关部门，好让公司同人知道这笔进账。再后来，又为公司立了几次功，徐雯果真就被调到了公关部门做了主管。

徐雯展示成绩的方式是不露痕迹的，是一种间接的方式。这样，既能表了功，还能让上司刮目相看。

职场中，的确有很多这样的下属，因为有功而不会露，只能顾影自怜，受不到重用。所以，不管自己做了多少事情，付出了多少努力，如果自己不提，不会有人帮你去告诉上司。而上司也不会将他的注意力集中在某个员工的业绩上，他们关心的是整个公司的运转。

那么，我们该怎样向上司表露成绩呢？

1.提前大胆提出你的建议

很多时候，你在不经意间提出的想法和创意很可能被你的同事拿去用了，因此，当我们有建议的时候，一定要提前提出来。但向上司提建议是有很大学问的，一定要选择时机，切忌在他心情不好的时候或用不妥的方法提出。

大多数上司虽然谈不上日理万机，但通常非常忙碌，很多事情都需要他亲自过问，于是，领导的情绪也会时常变化，心情自然就有好有坏，所以，我们在提出建议的时候，一定要找准时机。当他心情好的时候，有些建议尽管不太中听，但那时他心情好，自然也能够接受；如果他工作没做好或者家中有什么不快的事，或者被上司批评了他正憋着一肚子火无处可发，你这时提建议，特别是刺耳的良言，那就正好撞在枪

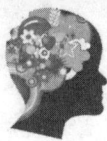

口上了。即使你的建议好得让他不能不采纳，但他也不会记着你的功，反而会因为你当时戳着他的痛处而记恨你，甚至找机会给你点颜色看看。

如果建议对公司有益，最好在开会时提出，但切忌指责上司。你想提出与上司不同的意见，可以在私下里单独向上司提。因为别人听不到，加上你的态度谦虚诚恳，上司肯定会慎重考虑的。

2.实事求是维护自己的利益

在功劳面前，不要逆来顺受，也不要过分谦让，应大胆地向领导要求自己应得的奖励。"丑话说在前头"，在接受任务时谈好报酬更易让领导接受。争利要把握好度，既不争小利，不计较小得失，又不得过分争利。

向领导要求利益大有学问，关键要掌握好火候和技巧。

（1）执行重大任务以前，先争取领导的承诺。

（2）要求利益要把握好度，见机行事。

每当做完自认为圆满的工作，要记得向上司、同事报告，别怕人看见你的光亮；当有人来抢夺属于你的功劳时，也要坚决捍卫。

说话随意，招致领导不满

职场是一个既简单又复杂的地方，对于那些善于经营人际关系的人

来说，职场是发挥自己能力与价值的地方；而职场的确存在很多不好处理的事情，这正是职场复杂之处，尤其是与领导相处。有句话叫"伴君如伴虎"，现代社会已经不存在所谓的"帝王"，可是在领导面前也是有所顾忌的，否则可能会给别人带来很大的麻烦。而职场中总有那么几个人，觉得自己和上司的关系非同一般，于是就不注意说话的语气等问题了。说话过于随意，很容易给自己招致大隐小患。

作为下属，也许我们会在见解上与领导存在很多差别，即使实质上你们没有太多的差别，你也不能和上司拉帮结伙或者随意说话，要知道，你的身份是他的下属，你不仅需要对他有最起码的尊重，还要协助他完成很多工作。因此，不管是和你的直接领导，还是公司的高层领导，甚至是你的同事，说话的时候都要注意分寸。什么该说，什么不该说，都要把握好。这些对于你和上司的关系处理，都是非常重要的！

小李是一家地产公司的项目策划，公司最近出了一个新案子，小李所在的部门经理张总把任务交给了小李，同时，也把自己的想法跟小李说了，点明了要按照他的想法去做。小李觉得任务不是很重，毕竟概念和想法都已经是预设好的。于是，用了两天多的工夫，他就把成果拿出来了，张总看了十分满意，又召开会议让大家一起来讨论小李的方案。小李觉得很开心，并按照大家最终讨论的结果制订了新的方案。

小李将完稿的方案交给顶头上司的时候，张总对他说："兄弟，谢谢你！你帮了我大忙了！"小李笑了："这是我应该做的。"

第二天，公司的执行总监把小李叫到了办公室，问道："这是你的策划吗？"小李高兴地说："是我和张哥一起的研究结果。""张哥？"执行总监拿眼睛瞥了小李一眼，而小李却没有看出其中的缘故，

还在吹嘘着："是呀，我们是好哥们儿，我们一起研究了两天两夜才研究出的结果。""这就是你们研究两天两夜的结果？"总监将策划方案全丢在了地上，小李立刻傻了。

后来，总监叫来了张总对质，小李后悔了，何必揽功，自己只不过是个执行者。总监很生气，小李和张总都挨了批，小李觉得特别委屈，张总说："以后说话前动点儿脑子，别一五一十把什么都说出去。"小李也生气地说："可是，我没有说错什么，更何况我说的都是实话。"张总瞪了小李一眼，离开了。

后来小李才知道，原来张总和总监有矛盾，而自己在总监面前和张总拉帮结伙，让总监听了很反感，于是，自己变成了别人恩怨下的"替死鬼"。

小李无缘无故挨了领导的一顿批，可以说是有冤无处申，这就是说话太随意，毫无顾忌引来的结果。他给我们的教训就是，在你不熟悉公司内部关系和上司的秉性之前，不要和上司拉帮结伙，更别毫无顾忌地说话，因为你很可能成为职场权术争斗中的牺牲品。要知道，工作就是工作，友谊就是友谊！该在哪里体现出来的，尽量在相应的场合体现出来！

而且，和上司说话太随意，即便上司不说什么，他在心里也会觉得你没大没小，不尊重他，也可能觉得你不正经，不值得信任等。而当你在公共场合和领导说话太随意的话，会很容易伤及领导的面子，如果遇上了个小心眼的领导，很可能会招来他的记恨。

那么，日常工作中，我们与领导说话的时候，应该怎样把握这种分寸呢？

1.别在同事面前和上司说话过于亲密

在同事面前和领导说话太随意，首先，只会让同事对你更加反感，

他们只会怀疑你的成绩，而不会向你投来羡慕的目光；其次，领导的面子上也过不去，也会有失了身份的感觉。

2.别当着同事的面和领导套近乎

这只会让上司处于非常尴尬的局面，无论你和上司是否真的关系不一般，这种做法都是不明智的。

总之，作为下属，不管在什么场合，都要为自己的上司着想，说任何话，做任何事，都要充分想好后再说。这样不仅会使你的上司越来越喜欢你，其他人也会越来越器重你。

给领导找台阶下

身处职场，我们每天都必须和周围的同事以及领导接触，学会为人处世以及说话很重要。而领导也和我们一样，每天都要面临各种人际关系。当你的领导在处理各种人际关系的时候，也会因经验或能力的不足而面临尴尬的局面，或与客户争吵，或被他的上司批评，或被同级嘲笑……面对各种压力，他们也有控制不住局面需要人帮助的时候。但是在自己的下属面前，他们又要保持一定的尊严，所以他们很少主动开口要求下属给自己提供帮助。因此，作为下属的我们，遇到这种情况，应该自觉地帮领导寻找一个台阶，以尽快让领导摆脱难堪的局面。如果领导遇到困境而你熟视无睹，一副事不关己的样子，那么他自然会找借口

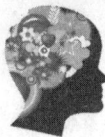

发泄对你的怨气。

小茜是某科技公司总经理办公室的秘书，她有个好朋友叫小妍，是办公室的档案管理员，两人关系很要好，又在一处工作，可以说是主任的左膀右臂。

有一天上午，她与小妍从外面办完事回来，刚进办公室，办公室主任就大骂小妍："你这个管档案的是怎么回事？赶紧把××文件给我找出来！"见小妍想辩解，主任的火气更大了，根本不给她说话的余地："还不赶快去找！"

从小到大，小妍娇生惯养，什么时候挨过这样的辱骂？这些辱骂让她很受委屈，她哭着冲进了洗手间。小茜在小妍来之前负责过档案管理，所以，她一边找文件，一边问主任："发生了什么事？"

原来，就在十多分钟之前，公司老总来电话，让人马上把上周与日本方面签的几份投资意向书送过去。当时办公室只有主任一个人在，他平时不管文件档案这类具体工作，所以找了一阵也没找到，因此老总在电话里大发雷霆："你这个主任究竟是怎么当的！连文件放在什么地方都不知道，你一天到晚到底在干什么！"

小茜赶紧把那几份文件找了出来递给主任。主任将文件送完回来后，脸色更加难看了，原来他到老总办公室后，老总的气虽然消了不少，但是仍然把主任数落了一通。当小茜把沏的茶递给他时，他没好气地说："这个水怎么那么烫？你这个秘书是怎么当的？"见主任又把气往自己身上撒，小茜感到莫名其妙。她知道这个时候不能惹主任，便躲得远远的。

办公室主任为什么会把本来撒在小妍身上的气转移到小茜身上呢？

因为正当主任需要帮忙的时候，秘书小茜袖手旁观，甚至可以说是置之不理。秘书作为助手，应该随时关注自己上司的工作，以便在他需要自己帮助的时候给予帮助。如果小茜换一种方式处理这件事，比如，如果小茜找出老总所需要的文件后，不是交给主任，而是自己送到老总那里去，那么即使主任的脾气再大也不至于再朝小茜发火了，那小茜就主动给了主任一个体面的下台阶的机会。

作为下属，辅助领导完成工作任务是天经地义的事，但要想让工作开展得更顺利和愉快，我们还要学会和领导搞好关系，当领导陷入尴尬境地的时候，我们要帮领导寻找台阶。这样不仅能让领导平静正常地继续工作，让领导尽快恢复正常的工作状态，而且还能缓和气氛，最重要的是，领导会因此感激你，把你视为贴心的工作搭档。

学会帮领导找台阶，我们需要做到以下几点：

1.揣摩领导的心思，了解领导的意图

很多时候，即使领导需要帮助，也不会直白地表达出来，需要下属细心揣摩。原因有很多，但最普遍的情况是，领导碍于面子，不便随意表态，但倾向性意见不难猜测，这时你应该揣摩，不能强迫领导明确表态。与领导相处，最为重要的是那份心领神会，形成默契。有些事领导还没说，你就已经做好了，领导当然会对你赞赏有加。凡事等领导发话你才做，便为时已晚，他在心里已经给你打了低分。

2.审时度势，学会打圆场

工作中，尤其是作为领导身边的下属，要学会见机行事。当领导陷入尴尬境地需要有人圆场时，我们不可置之不理，毕竟很多场合，领导不方便开口求助。

3.给领导台阶，切记要保住领导的面子

对于领导来说，面子是最重要的，给领导找台阶，也就是为此目的，切不可本末倒置。

给领导添彩，主动把功劳让给领导

我们与领导相处，一定要记住，领导是交际的主角，而我们则是配角，处于次要地位。这是交往规律，是由彼此交往身份和交际能量决定的。我们要积极支持领导，热情配合领导，鞍前马后，服从需要，听候调遣，为领导增光添彩。这是合乎交际现实的，这样不仅不会损害自己的"身价"，而且还会取得领导的信任。而相反，如果我们不能退居幕后，不能摆正这层关系，处处显示自己的本事，炫耀自己的才华，则往往适得其反，甚至会招来领导的忌恨。

职场中，那些甘愿把功劳让给领导，能牺牲个人荣誉的人看似碌碌无为，其实，这些人是大智若愚，小小的付出可获得更多的信任。我们发现，这样的下属一般细心周到，与领导一起外出办公时，他们会把露脸的机会都让给领导，而不是只顾着和高层领导攀谈而冷落直接领导，当领导出了状况时，会随时站出来为领导解围。

王晓义在外企当一名采购员，一次，总公司下达了一个采购命令，预计以1500万元购进一批钢材。正当采购部经理准备去钢材厂提货时，

王晓义突然想到另外一种采购方法，可以节约300万元，因为公司上次在建筑工地的好多钢材一直废置。采购部经理听完，很感激王晓义。但是，王晓义没有把功劳记在自己名下，而是以领导名义申报的，他面对领导和广大员工说："我真的是太钦佩领导的智慧了。" 因为他的名言是："领导第一，才有利益。"最后结果是领导得了荣誉，王晓义悄悄得了奖金。两人的关系更拉近了一步。

麦琪是一家公司的公关部职员，很擅长交际，主任外出谈生意时，总不忘带上她。她也充分发挥了自己的才能，和主任一起拿下了一个又一个较大的项目。在那次项目的新闻发布会上，来了好多记者，麦琪一直觉得自己很上镜。于是，她主动走到记者面前，充当了整个新闻发布会的发言人，忘记了这一工作理应是由主任来完成的。从那以后，很多露脸的事，主任再也不愿带上麦琪了。

案例中的两个下属的做法不一，得到的结果也不一样。很明显，王晓义的做法是明智的，他把功劳让给了领导，为领导挣到了面子，领导自然会感激他。而麦琪的错误就是和上司抢风头，要知道这是职场大忌，忽视领导的感受，过于表现自己，领导失了面子，自然会不高兴。

其实，给领导增光添彩并不单纯是恭维领导，还需要我们巧妙配合，但万不可狂妄自大。那么，我们该怎样为领导增光添彩呢？

1.牺牲个人荣誉，巧妙转让光彩

一个精明的英国人曾经说过："一个人在世界上可以有许多事业，只要他愿意让别人替他受赏。"为领导增光添彩，有时候，我们要学会牺牲个人荣誉，你可以让他代你接受因你的设想或发明而得到的荣誉。如果你与你的领导的关系十分牢固，你会发现这种做法将会有利于长远

的利益和奋斗目标。

2.找准闪光点，多往领导脸上贴金

对领导不恭维不好，恭维过度也不好。如果要恭维，就应该找准闪光点，最好郑重地讲给第三者听。这种恭维，不管是当着上司的面，还是在上司的背后讲，都能起到很好的效果，你将从中得到不可估量的好处。当领导脸上充满光彩时，你的脸上也跟着充满光彩；领导提升，你提升的机会也就跟着增多。

3.接受呵护，换来关注

适当地让领导帮助，更能体现领导的能力，这是变相给领导增光添彩。我们要让领导感觉到，他是力量的象征，在他面前，我们显得很弱小稚嫩，所以要接受并求得呵护。这一则是我们与领导交往所寻求和迫切需要得到的东西；二则作为领导，他也会从中获得扶持之乐，是一种自我价值的实现。

当然，在接受领导呵护的时候，一要尊重领导的愿望，二要适度得宜，不可仰仗、依附于尊贵者。这包括恰当的求助及一定程度的求教。这会获得领导的认可，并圆满获取他的好感。

第 10 章

将心比心，以礼待人，让
顾客舒心放心满载而归

真诚待人，热情服务

礼貌是尊重的前提，它体现在一个人的言行里，也体现在最真实的内心，当语言里透露出敬意的时候，顾客一定会感受到被尊重的愉悦。在现代社会，互相尊重成为人与人之间相处的一种普遍形式，处处以礼待人，提升自我素养，才能打动顾客的心，赢得顾客的信赖。在与顾客沟通的过程中，我们所经常使用的就是语言，语言本是思想的衣裳，它可以直接表现出一个人的高雅或粗俗。语言交流就是一种心灵沟通，要想与顾客沟通顺畅无阻，我们就应该得体地运用敬语与谦辞，这样会让顾客感到"良言一句三冬暖"，而彼此之间的感情也就很快地融洽起来。

在飞机快要起飞的时候，一位乘客请求小王给他倒一杯水吃药，小王很有礼貌地说："先生，为了您的安全，请稍等片刻，等飞机进入平稳飞行后，我会立即给您把水送过来，好吗？"一刻钟过去了，飞机早就进入了平稳状态飞行，突然，乘客服务铃响了起来，小王一摸脑门：糟糕，由于太忙，自己忘记给那位乘客倒水了。小王急忙来到了客舱，果然，按服务铃的就是刚才那位乘客，小王小心翼翼地将水送到那位乘

客面前，面带微笑着说："先生，实在对不起，由于我的疏忽，延误您吃药的时间，我感到非常抱歉。"那位乘客抬起了左手，指着手表说："怎么回事，有你这样服务的吗？"小王心里感到很委屈，但是，无论自己怎么解释，这位乘客就是不肯原谅她的疏忽。

在飞行途中，为了补偿自己的过失，小王每次去客舱服务的时候，总会特意地走到那位乘客面前，面带微笑地询问是否有需要的东西，或需要别的什么服务。不过，那位乘客依然面带怒色，根本不理会她。快到目的地的时候，那位乘客要求小王将留言本给他送去。显然，他想投诉小王，小王感到很委屈，但是却面带微笑地说："先生，请允许我再次向您表示真诚的歉意，无论您提出什么样的意见，我都欣然接受您的批评。"那位乘客脸色一变，却没有说什么，而是接过留言本写了起来。小王认为自己肯定完了，可是，当她回到机舱后打开留言本，却发现那位乘客所写的根本不是什么投诉，而是表扬。

面对乘客的无端挑剔，小王虽心中有委屈，但仍然不失职业道德，在与乘客沟通的整个过程中，显得很有礼貌，这使得那位挑剔的乘客将投诉信改为了表扬信。在这个案例中，小王以自己的职业礼仪打动了乘客的心，并赢得了乘客的赞扬。

那么，在与顾客的沟通中，我们该如何体现自己的礼仪呢？

1.学会对每一位顾客微笑

俗话说："顾客就是上帝。"与顾客打交道是我们的工作职责之一，因此，不要带任何情绪来面对顾客，哪怕你正在生气，哪怕你感到委屈，哪怕在私底下他是你的仇人，我们都要对每一位顾客展露笑颜，这是最基本的礼仪。通常情况下，当顾客兴高采烈地走进店里，却遭遇

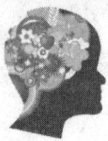

我们一张冷脸，顿时，顾客的购物的心情就没有了。在留给顾客不好印象的同时，我们自己也失去了一个客户。

2.柜台语言学

顾客上门，我们应该主动打招呼，多问不烦、多拿不厌。如果有的顾客有急事想先买，我们可以对先到的顾客说："这位先生有急事，可以先卖给他吗？"如果有的顾客拍打着柜台吵吵嚷嚷，我们也要和颜悦色地说："请稍等一下，我接待完这位顾客就来。"对等待了很长时间的顾客说："让您久等了，对不起！"买卖成交，目送顾客，说"欢迎您再来""请您慢点走""再见"等，如此文明的语言，热情的服务，定会打动每一个顾客的心。

因此，在与顾客交流的时候，我们很有必要加入"您好、谢谢、请、对不起、别客气、再见、请多关照"等这样一些敬语和谦辞。当然，在与顾客的沟通过程中，不仅需要得体的语言，也需要友好的笑容，适当的肢体语言，这样才能真正地做到"以礼待人"，也才能打动顾客的心。

设身处地，多为客户着想

一个成功的销售人员，除了要尽心竭力为客户服务之外，更要学会站在客户的角度思考问题。这样你才不仅仅是一个销售员，而是能够成

功走进客户的心里，成为客户最信任和最愿意托付的人。这个世界上从事销售工作的人有千千万万，为什么有很多人穷其一生依然只是一个普普通通的销售人，而有的人却能够站在销售员队伍的金字塔尖，成为用销售行业成就自己的成功人士呢？区别就在于是否用心。人们常说，凡事都怕用心，只要用心，就没有做不好的事情。这句话是非常有道理的。

从某种意义上来说，销售员和客户之间的关系处于对立的状态。这就像是一场拉锯战，销售员想把东西推销给客户，客户则不停地在挑毛病，找问题，似乎就是不想购买。或者即使想购买，也就价格等因素，与销售员来一场硬仗。对于这样的关系，想要成功地把东西推销出去，让客户主动地、心甘情愿地购买，显然需要一些技巧和方法。其实，无论多少技巧和方法，都比不上真心真意地为客户着想，帮助客户排忧解难，满足客户的需求。

作为人际关系的双方，对于销售员的态度，客户是一定有所感知的。面对一个急功近利的销售员，客户往往很难接受，因为他总是觉得销售员做一切都是有所图谋的。对于一个一心一意为自己着想的销售员，客户则会给予他更多的信任和理解，也愿意把自己的所需托付给他解决。这样的销售工作最终带来的不仅是成就感和满足感，也可能是心理上的安慰和情感上的满足。需要注意的是，想要了解客户，作为销售员，最重要的就是做好倾听的工作。对于原本完全陌生和一无所知的客户，如果不能静心聆听，显然就无法深入了解他们的需求，更不可能对他们有求必应。有些销售员一见到客户，总是迫不及待地想让客户接受他所推销的一切，包括对产品的介绍，这未免太心急了一些。任何销售

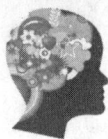

工作，都要从点点滴滴做起，才能给予客户最好的体验。即便客户对于你的很多观点持有不同的意见，你也应该先肯定客户的态度，然后再委婉地表达自己的意思。这是成熟的销售员经常采取的分歧处理法，效果非常好。

作为一名房地产经纪人，小马的销售产品就是诸多的二手房。众所周知，二手房的销售工作和新房不同，新房的户型只有几种，而且小区环境是统一的。但是二手房不但区域广泛，而且每套房子都有自己的特点，也有自己的故事。因而销售二手房显然比销售一手房难多了。最重要的是，销售二手房时还要面对广泛客户群体的不同需求。每天带着不同的客户去看房，有的时候小马也觉得很累。但是自始至终，他都坚持一个原则，那就是把客户的需求当成自己的需求。想一想吧，要是自己拿出几代人辛苦积攒的积蓄来买房，也是一定要再三比较和权衡，买一个性价比最高且最满意的吧！想到这里，小马又释然了。

一个周末，正是小马最忙的时候。他刚刚带着一对小夫妻看完房，他们是要买婚房的，又开始带着一对老大爷老大妈看房。这对老大爷和老大妈已经七十多岁了，因为在城里住得厌倦了，所以想到近郊的地方选购一套二手房。虽然他们没有提出更多的需求，但是除了给他们选择低楼层的房子之外，小马带他们看的都是装修非常好的房子。在看一套一层带花园的房子时，小马对大爷大妈说："大爷大妈，这套房子我个人认为是比较适合你们的。你们看，这个房子是一层，满足了你们低楼层的需求。此外，这个房子虽然是一层，但是因为有半地下室，所以采光也比较好，最重要的是不会潮湿。还有一点，我觉得你们老两口年纪也比较大了，经不起装修折腾，这套房子原本是一名演员的婚房，后来

她去外地发展了，所以这几年来基本没怎么住，非常新，装修的异味也完全散尽了。最最重要的是，这套房子还带着一个小花园呢，你们可以在院子里种花、喝茶，最好再搭个葡萄架，颐养天年。等待孩子带着孙子孙女来了，也有地方可以玩耍。"听了小马头头是道的分析，大爷大妈高兴地说："小马，你真是贴心啊，比我儿子想得还周到。那家伙听说我们要在近郊买房，什么也不管，就让我们老两口坐着公交车来看。"小马似乎突然想起了什么，笑着说："大爷大妈，这个小区门口就有公交车，你们以后要是想进城，不赶时间的话根本不用倒地铁，坐公交车多晃悠一会儿就到了。公交车的终点站就是地坛医院，以后看病什么的也很方便。当然，小毛病就不用去那么远了，小区步行十分钟就是社区诊所，头疼脑热都能看。"在小马的一番分析下，大爷大妈很快交了订金，决定购买这套各个方面都很合适的二手房。他们非常感激小马，还说等乔迁新居之后要请小马吃饭呢！

　　了解二手房的人都知道，销售二手房的难度是很大的。因为不但要使客户对房子满意，还要给房主做好维护工作，让房主愿意把房子卖给客户。这就像是给未婚男女当媒婆，必须双方都觉得满意，才能好事渐近。否则，只要有一方觉得不满意，交易就无法真正达成。

　　在这个案例中，小马之所以能够成功地把这套二手房销售出去，就是因为他始终站在客户的角度考虑问题，甚至比儿子为父母选购房子更加用心。他不但考虑到客户大爷大妈不能爬高层楼的问题，还考虑到一楼的阴暗潮湿问题和大爷大妈没有精力装修的问题。对于老年人最关注的看病问题，他也未雨绸缪先想好了。不得不说，小马的销售工作之所以进展顺利，与他设身处地地为客户着想是分不开的。

　　当然，生活中还有很多类型的销售工作，归根结底，销售工作就是人的工作。所谓销售，正是要搞定人，才能进展得更加顺利。任何人都希望得到他人的理解和体谅，作为一名销售员，如果总是强迫客户接受他们不想要的，无疑会导致巨大的失败。只有急客户之所急，想客户之所想，真心真意地为客户解决问题，才能得到客户的信任和委托。

漫不经心，也能感动客户

　　人是感情动物，尤其是情绪很容易反复无常，因而如果能够常常把话说到客户的心坎里，让客户心花怒放，则是销售员通往成功的撒手锏。让一个听众在你的语言调动下喜笑颜开并非简单的事情，这远远不是阿谀奉承或者曲意逢迎就能做到的。首先，我们必须认真观察客户，从各个侧面了解客户的内心世界，这样才能做到投其所好，把话说到客户的心里。其次，我们还应该淡化刻意的痕迹，所谓任何一流的东西一旦变成显学立刻就会掉下一个档次，说话也是如此。我们只有以漫不经心的样子随口说出让客户心花怒放的话，他们才能更加信任和钦佩我们，从而避免客户因为被刻意讨好而对我们心生戒备。

　　在这个世界上，既没有无缘无故的爱，也没有无缘无故的恨。任何事情一旦细细追究起来，就会发现都是有前因后果的。对待客户也是如此，虽然客户是我们的衣食父母，但是如果无缘无故地过分热情或者刻

意讨好，客户一定会马上心生警惕，觉得我们一定是有所企图。这样一来，接下来的工作就会变得很难做。与其等到被动的时候再补救，不如防患于未然，在一开始的时候就努力避免，反而能够占据主动。

作为柯达公司的创始人，伊斯曼在美国可是大名鼎鼎，无人不知，无人不晓。正是这位大名人捐出巨资，准备在罗彻斯特建造一座纪念馆、一座音乐宫殿和一座戏院，以帮助当地的人们丰富业余文化生活。消息传播出去后，很多经营座椅的制造商都闻讯赶来，因为他们很清楚，如果能够为这三座公众场所提供座椅，那一定是笔很大的生意。遗憾的是，他们全都乘兴而来，败兴而归，根本没有入伊斯曼的法眼。正是在这种情况下，有一家公司的经理亚当斯也闻讯赶来。在引荐亚当斯拜见伊斯曼之前，伊斯曼的助理好心提心亚当斯，让他一定要把会谈时间控制在五分钟之内，否则就会被伊斯曼下逐客令。亚当斯表示感谢之后，就胸有成竹地走进了伊斯曼的办公室。

进入办公室之后，看到伊斯曼正在埋头处理公务，亚当斯一直站在那里静静地等待着。当然，他环顾亚当斯的办公室，丝毫也没有闲着。过了没多久，终于抬起头来的伊斯曼发现了亚当斯，因而问道："您好，请问有何贵干？"亚当斯笑着说："伊斯曼先生，我是一家座位生产商。刚才在等待您处理公务的间隙，我发现您室内的装修简直称得上是精致的典范，尽管我几乎每天都要与木材打交道，但还是叹为观止。"亚当斯的话让伊斯曼的脸上浮现出笑容，他说："谢谢您的提醒，我几乎忘记了这间办公室的装修是我亲自设计和监工完成的。因为忙于工作，我已经很久没有好好打量我的作品了。"亚当斯走到屋角的一张茶几旁，说："这肯定不是意大利橡木，应该是英国橡木吧，这么

漂亮的纹理只有英国橡木才有。"看到亚当斯如此火眼金睛,伊斯曼高兴地站起身来也走到茶几旁,说:"的确,这个橡木当初是我特意托朋友从英国海运过来的。"伊斯曼心情似乎很好,甚至放下手里的工作,开始带着亚当斯参观他的办公室。此时此刻,当初装修时的各种用心和辛苦都在他的心里复活,他带着些许骄傲和自豪,向亚当斯介绍他室内每一件木器制品的由来。亚当斯面带微笑认真聆听,时不时地也会发表自己的见解。后来,亚当斯还问起伊斯曼创业的艰苦,更加把伊斯曼带回到遥远的回忆中。不知不觉间,他们已经聊了一个多小时,丝毫没有觉得彼此陌生,而是熟悉得像老朋友一样。从头到尾,他们都没有谈到生意上的事情,但是却相谈甚欢。

告别伊斯曼之后,亚当斯很快就收到了伊斯曼的通知,邀请他过去签订订购协议。最终,亚当斯不仅成为伊斯曼的座椅供应商,还与伊斯曼成为了交情深厚的朋友。

在这个案例中,亚当斯之所以能够成功打开伊斯曼的心扉,就是因为他以漫不经心的口吻,赞美了伊斯曼曾经费尽心思装修的办公室。毫无疑问,这间办公室是伊斯曼的得意之作,对于自己投入了大量心血、时间和精力的东西,伊斯曼当然不厌倦谈起。从而,他们之间谈兴渐浓,彼此相互爱慕和钦佩。最终,友情在他们之间产生,他们甚至觉得相见恨晚,又如何还需要谈及生意上的烦琐俗事呢!

销售工作的最高境界,亚当斯轻而易举地做到了。有些销售员偏偏喜欢谈论自己的产品,而丝毫不顾及客户的感受和需求,更不会想到要照顾客户的情绪。这样的销售,无疑于瞎子摸象,给予客户带来极其糟糕的消费体验。真正的销售也是一门艺术,是能够让客户的心欢呼雀跃

的艺术。当你圆满完成了销售工作，且赢得了客户的尊重和喜爱，你的销售工作才算真正的成功。

投其所好，畅聊无阻

任何人都不会就自己不感兴趣的话题畅聊无阻。顾客，也是如此。作为销售人员，要想打开顾客的话匣子，就一定要找到顾客感兴趣的话题。也许有些朋友会说，初次见面，我哪里能知道顾客喜欢谈什么，不喜欢谈什么呢！其实，人们感兴趣的话题根据年龄、性别、脾气秉性、生活背景等的不同，还是有一定的共性的。例如，职场上的人大多数对于如何升迁感兴趣，家庭妇女当然不是谈老公就是谈孩子或者就是柴米油盐酱醋茶，小朋友最喜欢说时下流行的玩具和游戏，男性嘛自然最喜欢汽车，大家不都说汽车是男人的情人嘛！还有些时髦年轻的女性，一定对时装、化妆品、奢侈品等怀有浓厚的兴趣。在不能从精神层面了解顾客且投其所好时，我们不妨从这些客观存在的特征分析顾客特点，从而先粗浅地把握顾客的兴趣点，这样总比乱说乱碰要更有针对性。

作为销售人员，当你坚持说话投顾客之所好时，你一定会有意外惊喜的发现。你会发现，经过一段时间的跟进与交流，顾客越来越愿意和你聊天，甚至你们交流的内容不再局限于你所推销的商品，也包括你们的很多琐事和感受。你还会发现，顾客越来越愿意听从你的建议，如此

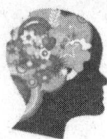

一来，你的主导作用必然发挥得更加到位。总而言之，投顾客之所好，非但不会让你失去自我，反而会让你渐渐成为顾客消费的引导者，因为你得到了顾客的信任和喜爱，这是比任何东西都更珍贵的。

虽然阿雅只是个年纪轻轻的小姑娘，但是在公司销售老年保健品的队伍中，她的业绩却是遥遥领先的。对此，很多同事都不解地问："你一个小姑娘，怎么就能与那些大爷大妈聊得来呢？还能让他们心甘情愿地自掏腰包，从你这里买药。"阿雅最传奇的销售经验是，有个老大妈因为阿雅有个月要冲刺销冠，居然特意多买了好几千块钱的药。对此，阿雅总是笑而不语。

有一天，一个大妈来公司找阿雅聊天，同事们这才得以看到阿雅是如何征服这群老太太的心的。阿雅泡了一杯红茶，端给正在办公室里等她的老大妈，说："大妈，喝杯红茶吧，红茶暖身。"大妈笑着说："你这个丫头，真是体贴。"阿雅："大妈，您最近身体还好吗？您检查服用蛋白粉了吗？那个营养品强身健体，特别好呢！其实，做老人的身体好，也就相当于给子女减轻负担了，您千万别心疼钱。"大妈仿佛遇到知己般："谁说不是呢！我的闺女儿子啊，每天都忙着工作，根本没有时间陪我。我呢，也不心疼钱，就是把身体调理好，就算帮他们了！"阿雅赶紧表示赞同："是的呢。您真是开明，大妈。记得前些年，我姥姥差不多也像您这么大岁数时，舍不得吃舍不得喝了，结果把自己弄得生病了，我妈侍候了好几个月。幸亏我妈提前办了退休，不然这好几个月连假都不好请呢！""嗯嗯，你这个闺女真懂事。我要是有你这么个孙女，可就好喽。可惜啊，我闺女儿子家生的都是男孩，都是皮小子。"阿雅马上说："没关系，大妈，你愿意把我当孙女就当

孙女。您看，我们单位离您家这么近，您要是觉得无聊了，就喊我过去聊天。或者家里有什么您干不动的脏活累活，您也叫我去，我肯定随叫随到。"大妈和阿雅聊了一个多小时后，高高兴兴地走了，临走还说："我改天包野菜包子，到时候送给你吃哈！"

阿雅只是个年轻的小姑娘，为什么能与大妈聊得这么投缘呢？这是因为阿雅说的每一句话都说到了大妈的心坎里。原本，子女长大全走之后，空巢的老人就很寂寞，但是又不能总是让忙于工作的子女陪伴。在这种情况下，他们心里难免会觉得空虚和失落。阿雅的话，恰恰安慰了大妈，让大妈意识到养好自己的身体，就是给子女减轻负担，就是帮子女的忙。如此说来，大妈怎么会不慷慨解囊地购买保健品呢！

不管是哪个行业的销售，在面对客户时，一定要投顾客所好，把话说到顾客的心里去，这样才能赢得顾客的信任，从而更好地引导顾客购买商品。倘若你说的话，全都是顾客不愿意听的，顾客哪里不能购买商品，有何必非要在你这里买呢？俗话说，千金难买高兴。唯有让顾客乘兴而来，高兴而归，销售的工作才能做到极致，获得成功。

常言道，良言一句三冬暖，恶语伤人六月寒。一句好话，能让人打心眼里感到高兴。而一句不合时宜的话，则会让人的心情陡然恶化。既然是从事销售工作，是为大众服务的，我们就不要违背顾客的意愿。只有把话说到顾客心里去，让顾客感到高兴，交易才更有可能顺利达成。

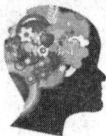

尊重客户体验，促使顾客购买

在推销产品的过程中，很多销售人员都会犯一个错误，即自说自话。殊不知，这么做是销售的大忌，也直接决定了你的销售业绩低迷不振。要想成为一名优秀的销售人员，首先，应该学会倾听。只有了解顾客，你才能更好地把话说到顾客的心里，打动顾客，促使顾客购买。很多销售人员却恰恰相反，都不停地说着自己想说的话，诸如自顾自地向顾客介绍公司、产品、优势等，根本不在乎顾客的感受。其次，顾客在诸多产品面前往往犹豫不决，只有掌握语言的技巧，才能适时适当地促使顾客购买产品。

在经过对产品的基本了解之后，顾客更关注的并非是产品本身，而是更多地考虑产品的性价比、售后服务等。在这种情况下，销售人员在推销产品时，可以适当地运用精确的数字。相比泛泛而谈，精确的数字显然更具备说服能力，也显得更加专业可靠。例如，一名推销汽车的销售人员，在介绍汽车省油节能时，完全可以以汽车百公里的油耗作为数据说明。在顾客犹豫不决应该从几种产品中选择哪一款时，也可以运用对比，展现自身产品的优点。即使是在同一家产品中纠结，销售人员也应该尽快使用话术，让顾客尽快购买。例如，对于洗衣机的省水功能，在顾客犹豫不定时，就可以以一年为期限，介绍选择省水款式的洗衣机一年可以节约多少吨水，合计多少元钱。如此一来，客户自然对省水洗衣机的优点一目了然。此外，要想说服顾客购买，还有很多方式，例如运用专家的权威性，或者是让其他购买过的顾客说明使用体验，这都是

非常具有说服力的。

作为一名化妆品推销员，丽娜有着白皙的皮肤，而且肤质细腻，白里透红。为此，她总是现身说法向顾客展示化妆品的美白效果，从而使自己的销售业绩节节攀升。

有一天，来了一个皮肤黝黑的女孩。毫无疑问，在这个一白遮三丑的年代，这个皮肤黝黑的女孩最希望得到效果显著的美白化妆品。丽娜马上开始为她介绍合适的产品，但是女孩显然有些纠结和犹豫："我听朋友说玉兰油的美白效果不错，不知道你家春纪的产品怎么样呢？"这时，丽娜夸张地说："玉兰油的确美白效果不错，但是都是中年人用得比较多啊。春纪则是完全针对年轻人的皮肤研发的，你看看我，我去年夏天晒得特别黑，就像非洲人似的。我用了一段时间春纪之后，皮肤好多了。"女孩羡慕地说："你肯定底子就好吧，像我这么黑的，怎么用也白不了。"丽娜笑着说："放心吧，肯定会改善非常明显的。最重要的是，因为春纪是针对年轻人的肤质的。所以，春纪的隔离霜还能防止电脑辐射呢。经常对着电脑的人都知道，皮肤会暗黄，还有蝴蝶斑。春纪都能解决。"

在丽娜的推动下，女孩最终决定购买春纪的产品。不得不说，丽娜的推动作用是强大的，尤其是当她现身说法时，很少有人不受她白皙皮肤的诱惑。

顾客在选购商品时，往往会犹豫不决。因而，有经验的推销员很少会无限度地为顾客介绍产品，因为每款产品都会有其自身的优势和劣势。在这种情况下，介绍的产品越多越杂，顾客也就越发的纠结。正确的做法是给顾客推荐合适的产品，然后再介绍一款作为对比。如此一

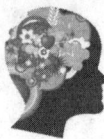

来，顾客一定会毫不犹豫地进行选择。即使因为其他方面的原因有些犹豫，只要销售人员以合理的语言进行推动，就会效果显著。

和其他工作相比，销售工作无疑是非常具有挑战性的。要想把钱从顾客的钱包里掏出来，你不但要详细介绍自己的产品，更要取得顾客的信任，还要在顾客犹豫的时候，以语言进行恰到好处的推动，这样才能促使交易尽快达成。

关心顾客所思所想

很多时候，顾客在挑选产品时，往往会对产品质量、售后服务等感到担心。经验不够丰富的销售人员，也许会刻意回避这些问题，引导顾客只看产品的优点。然而，任何产品都不可能只有优点，没有缺点，顾客也不是傻子，一定深深地明白这其中的道理。因此，销售人员的回避方法往往没有什么好的成效，甚至弄巧成拙，失去顾客的信任。

那么，面对顾客的担忧和关心的问题，我们应该怎么做呢？经验丰富、聪明机智的销售员，一定不会刻意回避。相反，与其遮遮掩掩，不如坦坦荡荡，他们会大大方方地分析产品的优势和劣势，这样反而更容易让顾客信服。例如，对于一款美白护肤品，你非要说它的补水功能特别强大，甚至超过那些补水的啫喱等，这显然是不现实的。事实上，任何美白产品因为质地较厚，因而补水效果都很一般。当顾客对此提出疑

虑时，你与其睁着眼睛说瞎话，不如坦然相对，并且为顾客提出合理的解决方案：可以通过打底的方式，用水或者啫喱，在使用美白产品前补水，这样效果更好。听到你这么说，顾客心里一定觉得很踏实，远远比你睁着眼睛骗她的效果好得多。在销售行业，很多销售人员都因为避开产品的缺点而最终失去顾客的信任。大凡深得顾客信任的，都是能够坦然面对产品的优缺点，并且进行客观分析的销售人员。

小米是一家网店的在线客服。每天，她都要在网上给很多顾客答疑解惑。也因为不是实体店，无法看到真正的产品，因而顾客的担忧往往很多，想得也非常细致。可以说，作为网络销售，小米与一个顾客的沟通远超实体店。为此，小米必须学会如何为顾客打消疑虑，才能顺利地把产品销售出去。

这天下午，又有一位顾客咨询小米："您好，请问这个樱桃的大小如何？"小米马上发过去一张图片，上面是樱桃与一枚一元硬币的对比图，又附上一句话："直径不低于26.5mm。"接下来，顾客又问了很多问题，小米都一一作答。直到最后决定要买之后，顾客突然又问："这是美国进口的车厘子，那么如何保证新鲜呢？会不会都蔫巴了？"小敏直截了当地回答："亲，既然是美国进口的，即使保鲜技术再好，也不会像树上刚刚摘下来的那么新鲜。有个别车厘子的皮会显得有些不够脆，但是绝对不蔫巴。如果您能接受这极个别的存在，您就可以放心购买。"顾客发来笑脸，说："嗯，你这么回答我就放心了。之前买车厘子，居然有个客服说保证和树上现摘的一样新鲜，我就直犯嘀咕怎么可能呢！你说的，是比较符合实际情况的。"说完，顾客成功付款购买，小米也松了一口气，终于没有白费劲，做成了一单生意。

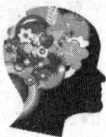

如果小米对于顾客的担心，睁着眼睛说瞎话，说车厘子和刚从树上摘下来的一样新鲜，那么肯定是不可信的。顾客当然也不傻，怎么可能万里迢迢地从美国运到中国，还是那么新鲜呢！不过，大多数车厘子都要经过一样的旅程，因为个别的表皮有些发干，是完全可以谅解的。因而在小米实话实说之后，顾客反而非常信任她，也就决定从她这里购买车厘子。

所谓做生意，自古以来就讲究诚信。尽管现代社会做生意的方式越来越复杂，途径也多种多样，但是我们更应该讲诚信。任何时候，都不要欺骗顾客，而是把顾客的需求当成自己的需求来满足，这才是最长久的经营之道。

对于顾客担心的问题，千万不要回避。因为不自然的回避，恰恰说明顾客的担心是真的，而且你也无法给出合理的解答。聪明的销售人员，一定会坦然告知顾客产品的优点和缺点，从而帮助顾客更好地做出选择，这样才能得到顾客的信任和感谢。

第 11 章

淡定从容，勇于试错，提
升能力让自信猛增

敢做敢说，让说话更有气场

在中国传统的思想中，"能言善辩"者似乎并不怎么受待见，人们往往认为那些沉默寡言者更显持重老成，更值得信任。例如，春秋战国时期百家争鸣，精彩纷呈，而以善辩著称的名家，在过去的国人思想中，似乎并不如儒家、法家等学说那样受到尊重与推崇，也从侧面印证了这一点。然而，这种观点在今天已然过时。如今，只有敢于表达自己，善于表达自己，才能在竞争压力巨大的社会中立于不败之地。

每到月底的工作汇报，就是小杨最头疼的时候。听着她结结巴巴的口语，别说同事，就是一向和蔼宽厚的经理，也会不自觉地皱起眉头，难掩不满之色。

这天，部门主任找到小杨，两人刚坐定，主任就开门见山地说："小杨啊，当初你是我招进来的。你那会儿只是不爱说话，没有口吃的毛病啊！现在是怎么了？越到人多的场合越结巴，太耽误事了！小杨啊，按岁数来说，你叫我一声叔也不为过。听叔的，这要是天生的毛病，咱得治。好多演讲大师以前都有口吃呢，人家不是也治好了。"

"主任，对不起。"小杨低着头，慢慢地说道，"我不是天生结

巴。小时候，家里人都叫我小话痨。后来妈妈嫌我话太多，管我管得很严，不让我说话。慢慢地，我就不敢张口说话了。再后来，一紧张就容易口吃。"

"原来是情绪的问题。"主任点点头，"你看你，业务能力是部门员工里最强的，为什么到现在还没升职？就是因为你这副口才啊！仔细听听，你每次做的工作汇报，都是数一数二的；你跟我们聊天，说的话，也经常有点睛之笔，可是你说话又结巴又没底气，就算是金玉良言，也没人认真听啊！小杨啊，听叔的，咱从今天起，好好调整心态，只要你有了自信，敢抬头挺胸地说话，相信一切问题都能迎刃而解。"

笨口拙舌早已不是真诚的代表，唯唯诺诺也无法吸引他人的目光。只有敢想敢说，你的话才动听；只有坚信自己，你的话才有人听、有人信。所以，用嘴角勾勒出迷人的微笑，用话语展现出自信的风采吧！你自信的话语，会让你更有气场；你动人的气场，会让你更有人气。

那么，想要发言充满自信、赢得人们的青睐，该从哪些方面着手呢？

1.不多想便能少紧张

很多时候，我们那些紧张、恐惧的情绪，往往来自于对未来的无知与不确定感。当我们不知道我们的发言会带来怎样的后果时，焦虑的情绪便自然而然地产生了。换而言之，正是因为我们太过看重自己发言的效果，才会觉得紧张、恐惧。如果我们在发言之前，不去进行过多的设想，不去抱有过高的希望，那么我们的心态就会平稳许多。要知道，每个人最关注的，永远是自己。当你因为自己的一个口误懊恼悔恨时，也许别人的注意力并不在你身上。

2.多准备便能少无措

在平时，应多留心一些合适的谈资、话题，以为将来的发言做准备。在社会生活中，无论是公事上的发表演讲、商务谈判、会议发言，还是私下里与人聊天，都应有所准备。对于沟通对象，要多做了解，在沟通前就尝试对双方可能出现的对话模拟一二、斟酌几句，才能使自己的话更易被对方接受和喜爱。

3.常练习便能少出丑

俗话说，熟能生巧。当我们对于一项事物熟谙于心时，它便不会再给我们造成紧张情绪。不会说话，可以学着说话；不善说话，可以练习说话。在平时的工作生活中，我们可以不断汲取他人言辞中的营养，不断吸收名著典籍中的智慧。积累与练习，可以让你的口才不断进步，让你更加自信。

即兴发言也能尽显风采

在很多场合中，即兴发言成了人们不可避免的环节。即兴发言通常是一些小的演讲，要求演讲者根据现场环境、氛围、听众等临时发挥。这种发言对于演讲者的随机应变能力和口才素养有着极高的要求，只有那些修养风度俱佳，且充满自信的人，才能优雅地完成这一任务。

紧张、惧怕的情绪，是即兴发言的死敌。克服这些不良情绪，是做

好即兴演讲的首要之务。平时的积累与练习，是即兴发言的基石，只有打好基础，才能在面对考验时心中坦然、从容不迫。充分运用好自己的口才技巧，结合时境与听众组织起合适的语言，才能在这一次发言中，尽显迷人风采。

那么，想要做好即兴演讲，应该注意哪些方面呢？

1.到什么山唱什么歌

即兴讲话，最需要注意的便是符合语言环境。当人们邀请一位他们认同的人做演讲时，往往是希望演讲者能够画龙点睛，或是力挽狂澜，最不济，也应该能够锦上添花。如此，便需要我们能够认清当前的语境，明白自己这次发言的任务，做到因时而言，因事而言。

2.开头很重要

即兴发言通常都较短，如何用最少的语言、最少的时间将听众的注意力集中、兴趣激发，就在于演讲者开头的技巧。在这种较为简短的演讲中，选择一个开宗明义、紧密联系主题思想的开头，是大多数演讲高手的选择。若仅是为了吸引关注、调节气氛而采用大量赘言、说东道西，反会事与愿违。

3.把握好自己的主题思想

任何一个演讲，都至少应有一个明确的主题。发言时，应紧贴自己的主题思想，中心明确、言之有物，切忌天马行空、东拉西扯。一个没有侧重点的演讲，一段杂乱无章的发言，只会让听众不知所云，难以理解演讲者的意思。

4.平时的积累是大前提

一到该发言时就张口结舌的人，有的是因为羞于表达或不善于表

达，茶壶里有饺子倒不出；有的却是因为腹中本就空空，巧妇难为无米之炊。优质的口才需要扎实的基础来支撑，若平时不注意积累，不经常学习，即便天赋异禀，初时尚能巧言善辩，也总会有才华枯竭的那一日，难以长久凭借口才令人信服。

言辞恳切，感染力十足

人与人之间交往的基础，就是真诚。如果缺乏真诚，人们彼此之间就无法做到真心相待，也会导致交往流于形式和浮躁。在与人交往的过程中，有些人看起来辞藻华丽，其实非常缺乏真诚。他们说话华而不实，虽然听起来很好听，但是明智的人一下子就能听出来其中蕴含的水分。相反，那些言辞恳切的人，反而更能够以直白平实的话打动人心。

有些人觉得语言必须夸张、虚浮，才能具有感染力。其实不然，平实的语言同样具有感染力。古人云，物以类聚，人以群分。在平日的生活中，人们总是情不自禁地选择和自己脾气性情相投的人交往，以平实的语言表达感情。这样心与心的贴近，让人们觉得彼此间无比亲近，也非常真诚和值得依赖。不过，对于那些习惯说话虚头巴脑的人，平实的语言也许就显得苍白无力了些。他们已经习惯了不平凡，喜欢猎奇，喜欢以与众不同的语言吸引他人的关注。这当然是人们不同的选择。

很多人误以为平实就是呆板无力的表达，其实不然。平实的语言力量蕴含在深处，而且有着打动人心的巨大力量。尤其是在与平凡的人们交流时，更不要说那些高高在上、让人莫名其妙的话，唯有平实，才是最好的选择。当你平实表达，别人也会以一颗真诚的心对待你。当然，平实的语言并非刻意矫饰就能达到的，我们唯有做到内心平实，才能真正地出乎内心，发乎自然。

生活中，我们也应该习惯以真诚的心，驾驭这些平实的语言。当生活渐渐归于朴素，包括说话也具备平实的美，你会发现自己的心渐渐安于本分，再也不会浮躁与不安。当然，使用平实的语言进行表达也是需要进行练习的。所谓平实，并不一定要与普通或庸俗画等号。如果心高贵，一切表达都会随之变得高贵。语言的独特魅力，就在于它作为一种沟通工具，能够帮助人们传情达意，相互了解，也感染和感动他人。

保持谦逊，让他人舒服

与陌生人初次见面，如果能说话谦逊，用三言两语恰到好处地表达你对对方的友好情意，或肯定其成就，或赞扬其品质，就会顷刻间暖其心田，感其肺腑，就会使对方油然而生一见如故、欣逢知己之感。初次见面时能达到这种程度，会为日后的深入交往做好铺垫。

我们都有这样的心理：初次与人接触时，如果对方态度和蔼，平

易近人，我们会瞬间觉得对方是个容易相处的人，并产生与其亲近的愿望；而如果对方说话傲慢无礼，在对方开口之际，我们就会给其"判了死刑"，不愿与之交往下去。人人都有这样的心理。因此，我们在与陌生人说话的时候，一定要注意自己的态度，说出的话要让对方感到优越舒服，才能融化陌生人之间的冰门，迅速进入对方的内心世界，掌控其内心。

美国爱荷华州的文波特市，有一个极具人情味的服务项目——全天候电话聊天。每个月有近两百名孤单寂寞者使用这个电话。主持这个电话的专家们都能用一种谦和的态度，很快消除同别人的距离感，他们最得人心的是第一句话："今天我也和你一样感到孤独、寂寞、凄凉。"这句话表达的是对孤单寂寞者的充分理解之情，因而产生了强烈的共鸣作用，难怪许多人听后都掏出知心话向主持人倾诉。

那么，和陌生人说话的时候，该怎样表现我们的谦逊呢？

1.不要试图打断对方的谈话

很多时候，当你的意见与对方出现分歧时，你也许很想打断他。不要那样做，那样做很危险。当他有许多话急着要说的时候，他不会理你的。因此，你要耐心地听着，抱着一种开阔的心胸，诚恳地鼓励他充分地说出自己的看法。

当对方说完以后，你再表达自己的意见，这样，对方会明显有一种被尊重的感觉。同样，对方也会以尊重来回馈你。

2.不过分掩饰自己

有时候，我们不想让对方看透自己，觉得对方发现自己的弱点是个糟糕的后果。可是，这样做的结果是你束缚了自己，也不可能畅所欲

言、自由表现。但谦虚并不是虚伪，没有人喜欢与虚伪的人交往。为此，我们要把真实的性格展现给对方，对方也会佩服于你的坦诚相见。具备坦诚这一交际品质的人往往更容易俘获人心。

3.用提出问题的方式补充你的意见

虚心请教是让别人产生优越感也是体现自己谦逊态度的重要方式。所以你可以问对方："关于我的看法，你有什么意见？"

4.尽量让别人有说话机会

即使是一对一的个别谈话也应如此，你可以向对方说："让我听听你的经验。""关于这个问题，你有什么意见？"用这样的方式引发对方的思考，创造他说话的机会。而且，你也可能会因为让他有了说话的机会，而引发他对你的好感。

说话谦逊，才会让人听起来更悦耳舒服。我们要想成功操纵陌生人的心理，这是一项必备的说话技能！

忠言顺耳，感激涕零

俗话说："人无完人。"尺有所短，寸有所长，每个人都有可能犯错误。我们犯错误，并不能说明我们一无是处；反之，一个人做了件好事，也不能说他做的每件事都是好的。我们在人际交往中，会发现交际对方的过失而必须指出来时，不能不顾对方的颜面。我们只有注意方式

方法，做到忠言也能顺耳，才能让他人不仅不怨恨反而感激；而如果我们坚持"忠言逆耳，良药苦口"的原则，说话过急或过火，必然会招致对方厌烦。当然，过轻或过迟，对方则可能根本意识不到。所以，只有及时和含蓄地提出批评或错误，让忠言不再变得逆耳，才能发挥应有的作用。当然这里说的含蓄应遵循不失实、不就轻的原则。

那么，我们怎样才能做到忠言顺耳又能说到对方心里去呢？

1.先讲自己的过失

在日常生活中，所有的批评和建议如果只提对方的短处而不提他的长处，对方肯定会感到心理上的不平衡，或者感到委屈。最有效的办法之一就是先讲自己的缺点和过错。

因为你讲出自己的错误，就能给对方一种心理暗示：你和他一样都是犯过错的人，这就会激起他与你的"同类意识"。在此基础上再去批评或给对方建议，对方就不会觉得失面子了，因而也就更容易接受你的批评和建议，你的忠言也通过顺耳的方式传递给了对方。这也算含蓄的一种方法。

2.委婉表达，含蓄指出对方的过错

人都是有自尊心和荣誉感的，有的人之所以不愿接受批评或建议，主要是由于怕触伤自己的自尊心和荣誉感。为此，我们在批评他人或给他人建议时，如果能找到一种含蓄委婉的方法，反而更能达到使其改正错误的目的。

现代社会，人际交往中，采用委婉表达对方过失也不失为一个好方法。

3.欲抑先扬，给足对方甜头后提出

我们说："良药苦口利于病，忠言逆耳利于行。"说的是一个道

理，但却不是日常交流中能运用的法则。人和人的感情不仅需要培养，更需要维护，而且规劝批评别人，正是以维护的目的去做的，那么，我们何不让苦口的良药也裹上糖衣呢？把劝谏的话说甜，甜到对方心里，对方必定接受并感激你！

第 12 章

*冷静处事，积极主动，巧
妙化解交往危机*

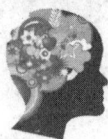

耐住性子，才能更好地对待

民间有句俗话，夫妻不记隔夜仇，床头吵架床尾和。这句话的意思是说，夫妻之间作为至亲至爱的人，一定不要因为各种琐碎的矛盾，导致彼此之间发生冷战，甚至误解产生很久也不能消除。在这种情况下，必然会伤害夫妻感情，导致彼此之间日渐产生隔阂，甚至无法破镜重圆。因而，为了维持夫妻间的感情，夫妻在发生矛盾或者产生误解时，一定要及时化解。当然，不仅仅夫妻关系如此，很多人际关系都应该遵循这个定律。

不管任何原因，矛盾一旦产生，及时沟通、化解矛盾，是很有必要的。常言道，没有过不去的火焰山。人际关系也是如此。只要人们彼此之间怀着真诚友好的心愿，努力地消除误会，一切误会就都会烟消云散。与此恰恰相反，如果人们彼此之间不能真诚友善，向着好的方向努力，就会因为人为原因导致误解不断加深，最终致使矛盾不可调和。因而，人与人相处时努力做到防患于未然是很有必要的，即使彼此之间发生误解，也要及时解决问题，不要无限拖延。所谓量变引起质变，很多误解最终变得不可调和，就是因为矛盾的持续积压和累积。当然，需要

注意的是，我们所说的及时解释和消除误会，并非是在事情发生当时就一味地纠缠对方要做出解释，毫无疑问，任何人的极度愤怒和情绪波动，都是需要一段时间消化和恢复平静的。因而即使再怎么心急，我们也要耐住性子，更好地对待这一切。

晨晨是个性格倔强的女孩子，从小就特别要强，不管做什么事情都希望自己能够拔得头筹。在读大学期间，晨晨交往了很多朋友，彼此间关系亲密。有段时间，晨晨简直觉得自己是世界上最幸福的人，因为有这么多喜爱和欣赏她的朋友们陪伴在她的身边。

有一天，晨晨因为一件小事，与最心爱的好朋友依依闹了矛盾，相互间谁也不理谁，就像陌路人。事后想一想，晨晨觉得其实也没什么大不了的，她已经想不起来自己当时为什么因为一言不合就与依依吵闹起来了。思来想去，晨晨很想向依依道歉，但却始终抹不开面子，她暗暗想道：既然我都能够意识到自己的错误，为什么依依不能主动反省自己，向我道歉呢？这么想着，晨晨始终没有把道歉的话说出口。过了很久，晨晨过生日，在与很多朋友一起吃饭唱歌时，晨晨突然想起去年生日时依依攒了好几个月的钱，为她买来了那件她心仪已久的礼物——一瓶价值不菲的法国香水。闻着熟悉的香味，晨晨想到了依依，拨通了依依的电话。然而，电话那头传来忙音，在四处打听之后，晨晨才知道依依已经因为父母的工作调动，去了法国。从此之后，这两个原本心心相印的好朋友就天各一方了，晨晨觉得无限伤感：再见不知何年何月，也许到时早就物是人非了。

如果晨晨能够尽早向依依道歉，或者向依依解释，与依依和解，依依就能够在离开法国之前与晨晨告别，好朋友之间还可以采取各种方式

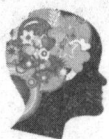

保持联络。如今，依依却带着遗憾去了遥远的法国，也许在很长时间内与晨晨天各一方。随着时间的流逝，她们的误解也许会渐渐淡去，但是她们失去联络的友情也会越来越淡。

时光荏苒，生命如斯，任何时候，我们都应该保持宽容的心，尤其是对于身边的朋友和亲人。其实本来没有什么大不了的矛盾，也没有什么过不去的坎。只要彼此宽容，能够想到每个人都是向死而生的，也就能够放宽心胸，不再斤斤计较。总而言之，任何矛盾一旦发生，就要及时解决。否则，矛盾就会日渐积累，就像一个人生病，先是病在肌肤，渐渐病入膏肓，让人追悔莫及。人们常说，退一步海阔天空。很多情况下，退一步不但海阔天空，还会有意外的收获。

学会认同，获得他人尊重

毋庸置疑，每个人都希望得到他人的认可，因为这是我们社会价值的极大表现。遗憾的是，生活中却总有些人喜欢并且擅长与他人唱反调，对于他人的优点，他们总是视而不见，对于他人的缺点，他们却总是无限放大，因为由此一来他们就有了更多的理由否定他人，或者与他人争辩。毫无疑问，在人际交往中，这样的人是不可能受欢迎的，因为没有人愿意一直生活在他人的否定中。最直接导致的后果就是，人们越来越远离这些人，不再愿意与他们交往。

当然，因为每个人的脾气秉性、生活经历、教育背景等的不同，所以每个人对待人和事都有自己的看法。在意见不一致时，你是选择直接否定他人，批判他人，还是选择以委婉的方式表达自己的观点，同时也尽量争取不要激怒他人。答案当然是后者。与他人针锋相对的辩论固然畅意，然而生活中这样的经历多了，你就会发现自己身边的朋友越来越少。因而，我们必须选择合适的方式与他人交流，才能避免这样尴尬的情况出现。

作为一名保险推销员，刘红是非常有谈话技巧的。即便是再难缠的客户，到了刘红这里也会乖乖缴械投降，这一切都是因为刘红熟知人们的心理，而且能够据此运用最合适的交谈技巧。

前段时间，刘红登门拜访一位客户，刚刚敲开门，她就开门见山地说："您好，王先生，我已经给您做好了保险计划书。现在，咱们就来详细谈谈吧！"不承想，王先生显然不配合，直截了当地说："我对保险不感兴趣。所谓保险，都是保生不保死的。钱交了，你们就再也不关心我们。"刘红显得很惊讶，但是她并没有直接反驳客户，而是和颜悦色地问："哦，您为什么会这么想呢？可以告诉我您的理由吗？"王先生显得很内行地说："现在通货膨胀这么厉害，十年前的三千元抵得上现在的三万元。而我如果从现在交给你们几万元，等到十几二十年再把钱拿回来时，这几万元岂不是也就相当于打水漂了么！"听了王先生的话，刘红笑起来，说："王先生，您说得很对。现在通货膨胀这么厉害，钱越来越不当钱用了。正因为钱存在银行里不停地贬值，而且人们需要花在医疗上的钱也越来越多，因此才需要保险。大多数人之所以突然死去，肯定是因为意外事故。现代的医学如此发达，一般的疾病肯定

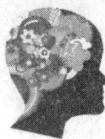

都是可以治愈的。对于我们而言，最痛苦的事情就是疾病明明是可以治愈的，却因为没有钱而看不起病。再者，正如您所说的，您现在所交的钱等到十几二十年后，肯定不值钱了。不过，保险不是理财。如果您是想追求高额回报，我建议您可以购买理财产品。但是作为您的保险顾问，我觉得您首先应该购买保障型产品，保障您和家人的健康安全，其次才能考虑理财产品，以求用钱生钱，您说呢？"刘红的一番话，让王先生陷入了沉思。进过一番仔细的思考，他决定听从刘红的建议，先用仅有的钱购买保障产品，为全家人的健康安全保驾护航。等到有闲钱周转时，再购买理财产品，这样也能帮助家庭改善经济状况。

在这个案例中，如果是普通的保险代理人，一定会刚开始说话就先否定王先生对保险的错误观点。然而，刘红没有这么做。她首先肯定了王先生对保险的理解，这样才能让王先生静下心来听她往下说。接下来，刘红才从容不迫地为王先生分析了他现在急需满足的需求，而且帮助王先生区分清楚保险和理财的不同含义。如此一来，王先生怎能不心服口服呢？

任何时候，面对他人的不同意见，尤其是面对客户的不同意见，我们千万不要张口就否定对方。要知道，没有人愿意被否定，更不喜欢自己的想法被批驳得体无完肤。一切的交流都必须建立在尊重和理解的基础上，因为我们也要适时肯定他人，表达尊重，然后再委婉地表达我们的不同意见，从而使对方心平气和地接受。如此一来，就能有效避开与对方针锋相对的局面出现，也让交谈的氛围更加愉悦。

主动道歉，融洽双方关系

俗话说："智者千虑，必有一失。"一个人再聪明，再能干，也会有失败犯错误的时候。古人云："过也，人皆见之；更之，人皆仰之。"在日常生活中，我们都不可避免地会做错一些事情，但是，做错了事情并不可怕，只要能够及时认识到错误并改正错误，及时向对方诚恳地道歉，就会解开矛盾，消除笼罩在彼此之间的怨气。

与人交往，有可能会说错话，有可能会做错事，这就难免会得罪到他人，使原本和谐友好的人际关系有了裂痕。但是，在错误发生之后，如果我们能及时道歉，主动承担责任，一般情况下，是能够得到对方的原谅的。当然，假如你发现自己错了，却不愿意道歉，甚至处处找借口为自己辩解，这样不仅得不到朋友的谅解，反而还会受到道德上的谴责。因此，我们不能小看了道歉的作用，而且，我们还需要学会有技巧地道歉，这样才能赢得对方的谅解。

1.道歉用语

诚恳的道歉需要适宜的道歉用语，比如"对不起""请原谅""很抱歉""请你转告王先生，就说我对不起他""对不起，是我的错""我错怪你了""不好意思，给你添麻烦了"等。

2.把握道歉的最佳时机

当你发现自己说错了话或者做错了事情的时候，就需要及时地道歉，道歉是越及时越有效果，我们很难想象在几十年后才说"对不起"会有什么意义。当然，道歉的最佳时机还应该选在双方都心平气和的时

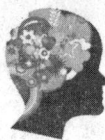

候，在对方情绪比较好的时候，他更容易接受你的道歉。

3.先批评自己

道歉并不是等对方的责备已经来了再道歉，这时候你已经激起了对方的怒火。因此，我们需要先发制人，率先批评自己，这样对方就不好意思再责备你了，而且，也会宽容地谅解你的错误言行。

4.巧借物传情

如果直接道歉不太适合，可以选择打个电话或写封致歉信，也可以请一位彼此信任的朋友或同事代为转达歉意。等对方心情平复之后，再登门赔礼致歉。

诚恳而巧妙的道歉，能够挽救友谊危机，化解尴尬气氛，继而巩固友谊，推进新的人际关系的发展。

巧妙补救，挽回损失

"人有失足，马有失蹄。"在交际过程中，无论凡人名人，都免不了发生言语失误。虽然其中原因有别，但它造成的后果却是相似的，或贻笑大方，或纠纷四起，有时甚至不堪收场。

经验不足的人碰到这种情况，往往懊恼不已，心慌意乱，越发紧张，接下去的表现更为糟糕。如果我们能来个将错就错，借题发挥，把错话说"圆"，则可以轻松地摆脱窘境。言多语失时，最重要的就是要

镇定自若、处变不惊，飞速地转动大脑思考弥补口误的方法。

在实际生活中，遇到失言的情况，有四个补救的小技巧可供参考：

1.改义法

这种方法就是在错话出口之后，能巧妙地将错话续接下去，最后达到纠错的目的。其高妙之处在于，能够不动声色地改变说话的情境，使听者不由自主地转移原先的思路，不自觉地顺着自己的思维走，随着自己的语言表达而产生情感波动。

2.引申法

迅速将错误言辞引开，避免在错中纠缠。比如，可以接着那句话之后说："我刚才那句话还应做如下补充……"然后根据当时的情境，做出相应的发挥，这样就可将错话抹掉。

3.移植法

这种方法就是把错话移植到他人头上。比如说："这是某些人的观点，我认为正确的说法应该是……"这就把自己已出口的某句错话纠正过来了。对方虽有某种感觉，但是无法认定是你说错了。

4.转移法

巧妙地转移话题和分散别人的注意力。说错了话，要学会巧妙地转移话题，化解尴尬场面。比如，用幽默或玩笑的方式转移目标，把紧张的话题变成轻松的玩笑等，也可以巧妙地运用挪移手法，把别人的注意力吸引到其他方面。

在社交中，发生口误在所难免，此时不管你是一味发窘还是拼命掩饰，都会使事情更为糟糕。这时候要稳住心神，以上面四个小技巧为基点，积极寻找适当的补救方法。但这关键是要看一个人的应变能力，应

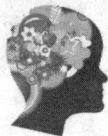

变能力反映一个人的机智和修养。当然，应变能力是以人生经验为基础的，只有多次实践，并总结经验，才能变得聪明老练。

突破僵局，有效沟通

有时候，在商务谈判过程中，由于双方所谈问题的利益要求差距比较大，而彼此又不肯做出让步，导致了双方因暂时不可调和的矛盾而形成了针锋相对的局面。谈判桌上之所以出现这样的局面，其原因是双方的观点、立场的交锋是持续不断的，当利益冲突变得不可调和的时候，僵局便出现了。当僵局出现后，如果不进行及时的处理，就会对接下来的谈判顺利进行产生不利的影响。当然，谈判过程中出现针锋相对的局面，并不等于谈判的破裂，不过，它会严重影响到谈判的进程。在这时，我们需要灵巧地缓和场面，突破僵局，适时选择有效的方案，重新回到正常的沟通中来。

谈判是正式的谈话，很容易在彼此之间形成一种严肃而又紧张的气氛。当谈判的双方就某个问题发生争执，各持己见，互不相让，横眉冷对，这样的环境更容易使人产生压抑的感觉。当然，谈判代表一旦处于这样的心境，是很不利于整个谈判的进行的。这时，不妨幽默一下，以巧言缓解僵局，将原本严肃而紧张的气氛变得愉快与和谐，那么，谈判桌上争论了几个小时无法解决的问题，在这里或许就会迎刃而解了。

有时候，谈判的一方会故意制造僵局，他们有意给对方出难题，扰乱视听，甚至引发争吵，这样，迫使对方放弃自己的谈判目标而向自己的目标靠近；有时候，则是双方对某一问题各持自己的看法和主张，产生了意见分歧，这样，越是坚持各自的立场，双方之间的分歧就会越大。当然，不管出于何种原因导致的僵局，作为谈判的一方，我们应该及时缓解局面，以灵巧的策略缓和场面，从而促进谈判的顺利进行。

1.冷静思考

在谈判过程中，有的人会脱离客观实际，盲目地坚持自己的主观立场，甚至，他忘记了自己的出发点。由于固执己见，往往会引发矛盾，当矛盾激化到一定程度就会形成僵局。所以，谈判的一方在处理僵局的时候，要防止过激情绪所带来的干扰。在僵局出现的时候，要头脑冷静，这样才能厘清头绪，正确分析问题，也才能有效打破僵局。

2.协调双方的利益

当谈判双方在同一个问题上发生尖锐对立，且各自有自己的理由，谁也说服不了对方，又不能接受对方提出的条件，整个谈判就陷入了针锋相对的局面。这时候，作为谈判的一方，应认真分析双方的利益所在，只有平衡了彼此的利益关系，才有可能打破僵局。有效的方法是：双方从各自的眼前利益和长远利益两个方面来看问题，协调平衡，寻找出双方都能接受的平衡点，达成最终的协议。

3.顺水推舟

有时候，对方无意之中出了糗，感到很尴尬，这时候你不妨顺着他这个糗事，使当事人摆脱尴尬。比如，服务员不小心把酒洒到了客人的秃头上，客人只是笑着说"小伙子，我这脑袋秃了二十多年，你这个方

法我也试过，可是根本不管用，但还是谢谢你！"

4.巧借情景做文章

有时候，会遭遇突发事件，若处理不当就 会导致尴尬，这时候可以采用情景法。比如，大学教授跌倒了，引来同学们哄堂大笑，但他却说："人生就是这样，跌倒了爬起来，再跌倒了再爬起来。这样，你才会更坚强，更成熟。"

在谈判过程中，针锋相对的局面随时都有可能发生，任何话题都有可能形成分歧与对立。从表面上看，僵局产生往往是防不胜防的，但其实，真正令谈判陷入危机的是由于双方感到在多方面的谈判内容与期望相去甚远。对此，谈判专家总结说："许多谈判僵局和破裂是由于细微的事情引起的，诸如谈判双方性格的差异、怕丢面子，以及个人的权利限制，等等。"

参考文献

[1]李安.这样说话最受欢迎 [M].北京：中国城市出版社,2010.

[2]陆梦.所谓情商高,就是会表达[M].北京：团结出版社，2017.

[3]兆民.所谓情商高,就是会说话（日常生活版）[M].北京：中国友谊出版公司，2017.

[4]朱凌，常清.情商高,就是说话让人舒服[M].延吉：延边大学出版社，2016.